L'ÉDUCATION DU CHIHUAHUA

Livre complet pour Eduquer, Dresser, communiquer
Avec votre chien et comprendre son langage.

Tommaso Cominotti

Copyright © Joseph Rabie, 2021
Tous droits réservés.

Aucune partie de ce livre ne peut être reproduite, stockée ou transmise sous quelque forme ou par quelque moyen que ce soit électronique, mécanique, photocopie, enregistrement, numérisation ou autre sans l'autorisation écrite de l'éditeur copyright est illégal de copier ce livre, de l'afficher sur un site Web ou de le distribuer par tout autre moyen sans permission En cas de traduction, les droits réservés pour l'œuvre originale doivent figurer au verso de la page de titre, en bas de page. « Le Code de la propriété intellectuelle et artistique n'autorisant, aux termes des alinéas 2 et 3 de l'article L.122-5, d'une part, que les « copies ou reproductions strictement réservées à l'usage privé du copiste et non destinées à une utilisation collective » et, d'autre part, que les analyses et les courtes citations dans un but d'exemple et d'illustration, « toute représentation ou reproduction intégrale, ou partielle, faite sans le consentement de l'auteur ou de ses ayants droit ou ayants cause, est illicite » (alinéa 1er de l'article L. 122-4). Cette représentation ou reproduction, par quelque procédé que ce soit, constituerait donc une contrefaçon sanctionnée par les articles 425 et suivants du Code pénal.

© T. Cominotti, 2024
Tous droits réservés.
Mise à jour août 2024
Dépôt légal août 2024

Table des matières

Introduction : 8

Chihuahua : une race de chiens exceptionnelle. 10
L'origine et l'évolution du chien. 10
Les différentes variétés d'Chihuahua. 11

Aspect physique : 12
Les particularités du pelage. 14
Son prix : 15

Personnalité et comportement : 16
Son comportement en famille? 16
Son comportement avec les enfants ? 16
Son comportement avec les étrangers ? 19
Comment se comporte-t-il avec les autres chiens 20
Comment gérer ses comportements indésirables ? 22
    Que faire s'il est timide et méfiant? 23
    Que faire s'il est agressif ? 26
Les aspects négatifs de sa personnalité. 27
    Comment gérer ses autres comportements indésirables ? 28

Adoption d'un Chihuahua. 31
Les questions à se poser avant d'adopter ! 32
Est-ce la race de chien qui vous convient ?.. 32
Comment choisir un éleveur responsable ? 33
Test de sociabilité avant l'achat: évitez les mauvaises surprises. 35
La trousse à outils du bon propriétaire de chien. 36
Comment accueillir son chien ? 38
Comment l'éduquer étape par étape ? 38
Médecine préventive. 48
Frais vétérinaires à prévoir ! 49

Nutrition et alimentation : 51
Besoins nutritionnels selon l'âge, poids et niveau d'activité. 51

    Les aliments autorisés 54

    Les aliments toxiques. 55

    Croquettes pour CHIHUAHUA 56

    Exemples des recettes maison 56

La Santé de votre chien : 63

    Les maladies courantes et leur prévention. 63

    Comment éviter l'obésité ? 66

    Comment éviter le diabète ? 67

    Comment éviter l'hypertension ? 68

    Les signes de bonne santé. 70

    Les signes qui doivent vous alerter. 71

    Quelle température peut supporter le Chihuahua ? 73

    Les soins de base. 74

        Quand il est chiot : 74

        Quand il est adulte: 74

        Quand il est âgé: 75

Toilettage et soins complets. 76

    De quoi ai-je besoin ? 76

    Toilettage du pelage : 77

    Comment faire face à la perte de poils ? 80

    Donnez un bain à votre chien. 82

    Brossage des dents. 83

    Il a mauvaise odeur même après le bain. 85

    Coupez les griffes. 86

    Massage pour votre chien. 87

Éducation et entraînement : 88

    L'éducation de base : 88

        Les règles à respecter : 88

        Apprendre à s'assoir. 89

        Apprendre à se coucher. 89

        Apprendre à venir. 90

- Apprendre à ne pas bouger. 90
- Apprendre à lâcher l'objet. 90
- Apprendre à ne pas aboyer. 91
- Que faire si le chien refuse d'obéir ? 91

L'éducation avancée. 93
- Apprendre à chercher : 93
- Apprendre à ramasser : 93
- Apprendre à mettre ou déposer : 94
- Apprendre l'ordre « va chercher ». 95
- Apprendre à ranger ses jouets 95
- Apprendre à reconnaitre les objets. 96
- Apprendre sa gauche et sa droite 97
- Apprendre à ouvrir et fermer la porte ? 97

L'éducation positives : 98
- Les règles à respecter: 98
- Un exemple de comment faire: 98
- La liste des exercices : 98
- Que faire s'il n'obéit pas ? 100

L'utilisation de Clicker Training. 102
Le conditionnement classique 104
Exercice de stimulation mentale. 106
Respectez les limites de votre chien. 110

Apprendre à vivre en société. 111

- Apprendre la propreté à votre chien. 112
- Apprendre à ne pas aboyer. 113
- Apprendre à ne pas mordille. 114
- Apprendre à aller au panier. 115
- Apprendre à marcher en laisse ? 116
- Promener son chien sans laisse 117
- Apprendre à rester seul à la maison. 117
- Apprendre à ne pas sauter sur les gens. 119

- Apprendre à ne pas manger tout ce qui traîne 119
- Apprendre à ne pas quémander à table. 120
- Comment le préparer à l'arrivée d'un bébé ? 121
- Apprendre à monter en voiture ? 122
- Maîtriser un Chien destructeur. 123
- Comment arrêter une bagarre entre chiens ? 125

Comprendre le langage de votre chien. 128

- Comprendre le léchage de chien : 129
- Quand il creuse la terre ? 131
- Comprendre pourquoi il vole des objets. 132
- Comprendre la jalousie de votre chien. 134
- Comprendre le grognement de ton chien. 136
- Prévenir les bagarres chez mon chien. 137
- Quoi faire face à l'agressivité de chien ? 138

Activités et loisirs : 142

- L'agility 143
- Treibball. 144
- Cani-cross 144
- Rallye-obéissance 144
- Ring 145

Apprendre des tours. 146

- Apprendre à serrer la main. 147
- Apprendre à faire bisou. 147
- Apprendre à chanter. 147
- Apprendre à danser. 148
- Apprendre à sourire 148
- Apprendre à reculer. 149
- Apprendre à rouler. 149
- Apprendre à nager. 150
- Apprendre le toucher. 151
- Apprendre la révérence. 151

Apprendre à faire le mort. 152
Apprendre à faire la tête triste. 152
Apprendre à jouer cache-cache. 153
Apprendre à rapporter des objets. 153
Apprendre à éteindre la lumière. 154

Conclusion : **155**

Introduction :

Le chihuahua, ce petit chien au regard vif et à la personnalité affirmée, ne cesse de fasciner et d'intriguer. Sa vivacité, son intelligence et son attachement indéfectible à son maître en font un compagnon hors du commun. Mais son éducation peut s'avérer un véritable défi, tant il est capable de se montrer têtu, indépendant et parfois même obstiné. D'une nature curieuse et intrépide, le chihuahua explore son environnement avec une énergie débordante. Son intelligence aiguisée lui permet d'assimiler rapidement les ordres, mais son caractère indépendant peut le rendre sourd aux instructions si elles ne sont pas formulées de manière claire et cohérente. C'est là que réside le défi fascinant de l'éducation du chihuahua. Il ne s'agit pas de le soumettre à une discipline stricte, mais plutôt de le guider avec patience, fermeté et bienveillance.

Son éducation, souvent comparée à un voyage en eaux troubles, révèle toute la complexité de cette race aux multiples facettes. Tantôt têtu et insaisissable, tantôt tendre et attentionné, il défie les attentes et les conventions, invitant son maître à explorer les confins de la patience et de la compréhension. Mais c'est précisément dans ces moments de défis que réside la beauté de la relation avec ce compagnon singulier. Car chaque épreuve surmontée, chaque victoire remportée, forge un lien indéfectible entre l'homme et sa petite merveille. Et c'est dans cette danse subtile entre l'indépendance du Chihuahua et le désir de connexion de son maître que se révèle la véritable essence de leur relation.

Comprendre ses besoins, décrypter ses réactions et adapter son approche en fonction de sa personnalité unique sont les clés d'une relation harmonieuse et d'une éducation réussie. Ce petit chien au grand cœur est capable d'offrir une loyauté et une affection sans bornes à ceux qui prennent le temps de le comprendre et de l'éduquer avec respect.

Ce livre est né d'un constat simple : il existe peu d'ouvrages complets et précis dédiés à l'éducation du chihuahua.
Fruit de plusieurs années d'expérience et d'observation, cet ouvrage se veut être un guide pratique et accessible pour tous les propriétaires de chihuahua, qu'ils soient novices ou expérimentés.
L'objectif est simple : vous fournir les outils et les connaissances nécessaires pour éduquer votre chien de manière positive et efficace, tout en respectant sa personnalité unique.

Au fil des pages, vous découvrirez :
- Les bases de l'éducation canine, adaptées aux spécificités du chihuahua
- Des techniques de dressage positives et ludiques
- Des conseils pour comprendre le langage de votre chien
- Des solutions aux problèmes de comportement les plus courants

Ce livre s'adresse à tous ceux qui souhaitent:
- Développer une relation forte et harmonieuse avec leur chihuahua
- Éduquer leur chien de manière positive et respectueuse

- Résoudre les problèmes de comportement
- Comprendre les besoins et les envies de leur petit compagnon

Que vous soyez à la recherche d'un guide complet pour l'éducation de votre chihuahua ou simplement de quelques conseils pour améliorer votre communication avec lui, cet ouvrage vous apportera les réponses que vous recherchez.

Chihuahua : une race de chiens exceptionnelle.

L'origine et l'évolution du chien.

Le Chihuahua est une race de chien très ancienne. Il est considéré comme le plus petit au monde. Son nom provient du plus grand État de la République du Mexique : l'État de Chihuahua. Il y aurait vécu en totale liberté avant d'être domestiqué par des indigènes au temps des Toltèques. À la fin du 19e siècle, ce chien est exporté en masse vers les États-Unis et l'Europe suit.

C'est l'une des races de chiens les plus reconnaissables au monde aujourd'hui, a des origines qui remontent à l'ancienne civilisation de Mésoamérique, où il est considéré comme l'une des plus anciennes races de chiens domestiques. Les ancêtres du Chihuahua sont censés être les chiens Techichi, qui étaient des compagnons fidèles et sacrés des anciens peuples de la région, notamment les Aztèques et les Toltèques. Ces chiens étaient vénérés pour leur petite taille, leur courage et leur lien spirituel avec leurs propriétaires.

Controverses et Luttes :

L'histoire du Chihuahua est marquée par des controverses et des luttes concernant ses origines et son développement. Certains historiens affirment que la race a été développée par les Aztèques en croisant les chiens Techichi avec des chiens importés par les Conquistadors espagnols. D'autres soutiennent que la race est native de la région et qu'elle a évolué de manière indépendante. Cette question suscite toujours des débats parmi les chercheurs et les éleveurs de chiens.

Reconnaissance et Évolution :

Le Chihuahua moderne tel que nous le connaissons aujourd'hui a commencé à être reconnu comme une race distincte au XIXe siècle, principalement grâce aux efforts des éleveurs mexicains et américains. La race a gagné en popularité en dehors du Mexique à partir du milieu du XIXe siècle, lorsque des exemplaires ont été exportés vers les États-Unis et d'autres pays. Au fil du temps, le Chihuahua est devenu l'une des races de chiens les plus appréciées dans le monde en raison de sa petite taille, de son caractère vif et de son affection envers ses propriétaires.

Un Symbole de l'élégance:

Le Chihuahua est devenu un symbole de nombreuses choses, notamment de l'élégance, de la loyauté et de l'amour inconditionnel. En raison de sa petite taille, il est souvent associé à la féminité et à la tendresse. Dans la culture populaire, le Chihuahua est souvent représenté comme un chien de compagnie chic et sophistiqué, mais il est également reconnu pour sa bravoure et sa détermination.

Les Noms des Chihuahua Célèbres

Plusieurs Chihuahuas sont devenus célèbres au fil des ans, que ce soit grâce à leur participation à des films, des émissions de télévision ou leur statut de compagnons de célébrités. Parmi les Chihuahuas les plus célèbres, on peut citer Tinker Bell, le chien de Paris Hilton, Gidget, qui est apparu dans des publicités pour Taco Bell, et Bruiser Woods, le fidèle compagnon d'Elle Woods dans le film "La Revanche d'une Blonde".

Les différentes variétés du Chihuahua.

Le Chihuahua, bien qu'il soit connu pour sa petite taille et son allure élégante, présente en réalité différentes variétés qui peuvent varier légèrement en termes de caractéristiques physiques. Voici un aperçu des principales variétés de Chihuahua :

1. **Chihuahua à poil court** : Cette variété est la plus courante et la plus reconnaissable. Les Chihuahuas à poil court ont un pelage lisse et brillant qui nécessite peu d'entretien. Leur manteau est généralement court et près du corps, bien qu'ils puissent parfois avoir une légère collerette autour du cou. Ils sont disponibles dans une large gamme de couleurs et de motifs.
2. **Chihuahua à poil long** : Contrairement aux Chihuahuas à poil court, cette variété présente un pelage plus long et soyeux qui peut être légèrement ondulé ou droit. Ils ont souvent une crinière distinctive autour du cou et une queue touffue. Bien que leur pelage nécessite un peu plus d'entretien en termes de brossage pour éviter les nœuds et les enchevêtrements, les Chihuahuas à poil long sont tout aussi charmants et populaires que leurs homologues à poil court.
3. **Chihuahua à tête de cerf** : Cette variété de Chihuahua se caractérise par une tête légèrement plus large et un museau plus court, donnant à leur visage une ressemblance avec celui d'un cerf. Leur tête est souvent plus ronde et leurs yeux sont plus grands et plus écartés que ceux des autres variétés. Ce type de Chihuahua est moins commun que les deux premières variétés, mais il est également très apprécié par les amateurs de la race.
4. **Chihuahua à tête de pomme** : Contrairement aux Chihuahuas à tête de cerf, cette variété a une tête plus petite et plus arrondie, ressemblant à une pomme. Leurs yeux sont grands et expressifs, et leurs oreilles sont généralement dressées. Les Chihuahuas à tête de pomme sont souvent considérés comme ayant un aspect plus traditionnel de la race et sont très recherchés par les éleveurs et les propriétaires.
5. **Chihuahua tea cup** : Le terme "tea cup" est souvent utilisé pour décrire les Chihuahuas particulièrement petits, pesant moins de 2,5 livres (environ 1,13 kg) à l'âge adulte. Ces chiens sont souvent les plus petits de leur portée et sont généralement considérés comme des compagnons de poche en raison de leur taille miniature. Cependant, il est important de noter que les Chihuahuas tea cup peuvent être plus sujets à des problèmes de santé en raison de leur petite taille.

Chaque variété de Chihuahua a ses propres caractéristiques distinctives, mais toutes partagent la même personnalité vive, intelligente et affectueuse qui a fait de cette race l'une des plus populaires au monde.

Aspect physique :

Le chihuahua, petit chien au caractère bien trempé, fascine par son allure gracieuse et distinctive. Découvrons en détail les caractéristiques physiques qui font son charme unique.

- ***Taille et Musculature*** : Le Chihuahua est l'une des races de chiens les plus petites au monde, avec une hauteur au garrot généralement comprise entre 6 et 9 pouces (environ 15 à 23 cm) et un poids allant de 2 à 6 livres (environ 0,9 à 2,7 kg). Malgré sa petite taille, le Chihuahua doit avoir une musculature bien développée pour sa taille, avec des membres solides et une constitution globalement équilibrée. Son corps est compact et proportionné, avec une poitrine large et profonde.
- ***Pelage*** : Le pelage du Chihuahua peut varier en texture et en longueur selon la variété. Les Chihuahuas à poil court ont un pelage lisse et brillant, tandis que les Chihuahuas à poil long ont un pelage soyeux et parfois légèrement ondulé. Le pelage peut être uni ou présenter des marques et des motifs variés. Quelle que soit la longueur du pelage, il est important que celui-ci soit dense et bien fourni pour protéger le Chihuahua des intempéries.
- ***Variations selon les Lignées*** : Il existe différentes lignées de Chihuahuas, chacune avec ses propres caractéristiques distinctives en termes d'apparence physique. Certaines lignées peuvent avoir des têtes de cerf ou des têtes de pomme plus prononcées, des oreilles plus grandes ou plus petites, ou des proportions légèrement différentes du corps. Ces variations peuvent être le résultat de l'élevage sélectif ou de la génétique, mais toutes les lignées partagent les traits généraux de la race.
- ***Santé et Bien-Être*** :En raison de leur petite taille, les Chihuahuas peuvent être sujets à certains problèmes de santé, notamment des problèmes dentaires, des luxations de la rotule, des problèmes cardiaques et des tremblements. Il est important de fournir aux Chihuahuas des soins appropriés, notamment une alimentation équilibrée, de l'exercice régulier et des visites régulières chez le vétérinaire pour prévenir les problèmes de santé et assurer leur bien-être général.
- ***Standards de Race*** : Les standards de race définissent les caractéristiques physiques idéales du Chihuahua telles qu'elles sont jugées dans les expositions canines et par les clubs de race. Cela comprend des critères tels que la taille, le poids, la structure corporelle, la forme de la tête, les oreilles, les yeux, le pelage et la couleur. Les Chihuahuas qui correspondent le mieux à ces standards sont considérés comme les plus représentatifs de la race.

En conclusion, le Chihuahua est une race de chien au physique distinctif, caractérisée par sa petite taille, sa musculature bien développée, son pelage varié et ses différentes lignées. Malgré leur petite taille, les Chihuahuas nécessitent des soins appropriés pour assurer leur santé et leur bien-être. Les standards de race définissent les caractéristiques idéales de la race, mais chaque Chihuahua est unique et spécial à sa manière.

> **Note** : Il est important de noter que les caractéristiques physiques de Le Chihuahua peuvent varier légèrement selon les lignées et les individus.

Les différents aspects physiques :
1. **Tête** : La tête du Chihuahua est un trait distinctif de la race. Elle est de taille proportionnelle par rapport au corps, avec un crâne légèrement arrondi et un stop bien défini. Les Chihuahuas ont souvent une tête en forme de pomme ou de cerf, caractérisée par des joues pleines et une expression vive.
2. **Corps** : Le corps du Chihuahua est compact et bien proportionné. Il est légèrement plus long que haut, avec une poitrine bien développée et des côtes bien cintrées. Le dos est droit et solide, tandis que le ventre est légèrement remonté.
3. **Queue** : La queue du Chihuahua est portée haut et peut être courbée en arc sur le dos ou portée enroulée sur le côté. Elle est bien fournie en poils et peut être légèrement courbée vers le haut à la pointe.
4. **Yeux** : Les yeux du Chihuahua sont ronds, grands et expressifs. Ils sont bien écartés et de couleur foncée, en harmonie avec la couleur du pelage. L'expression des yeux est alerte et intelligente.
5. **Oreilles** : Les oreilles du Chihuahua sont grandes et dressées. Elles sont larges à la base et se rétrécissent vers une extrémité légèrement arrondie. Lorsque le Chihuahua est attentif, les oreilles sont portées droit vers le haut, ajoutant à son allure alerte.
6. **Pattes** : Les pattes du Chihuahua sont droites et bien musclées. Elles sont proportionnées par rapport au corps et se terminent par des pieds compacts et bien arqués. Les doigts sont bien séparés et les ongles sont courts et solides.
7. **Musculature** : Malgré sa petite taille, le Chihuahua doit avoir une musculature bien développée pour sa taille. Les muscles sont fermes et bien définis, donnant au chien une apparence alerte et agile.
8. **Silhouette** : La silhouette générale du Chihuahua est celle d'un chien élégant et bien proportionné. Son dos est droit et solide, sa poitrine est large et bien descendue, et ses membres sont droits et bien musclés. L'ensemble donne l'impression d'un chien vigoureux malgré sa taille réduite.

Développement Physique et Maturité :

Le développement physique et la maturité du Chihuahua suivent une trajectoire spécifique, tout comme pour toutes les races de chiens. Voici un aperçu de ce processus pour cette race spécifique :
1. **Nourrisson et Jeune Chiot** : À la naissance, les chiots Chihuahua sont petits et fragiles, pesant généralement entre 2 et 5 onces (environ 56 à 142 grammes). Leurs yeux et leurs oreilles sont généralement fermés, et ils dépendent entièrement de leur mère pour se nourrir et rester au chaud. Au cours des deux premières semaines de vie, ils commencent à ouvrir leurs yeux et leurs oreilles, et ils commencent également à gagner du poids de manière significative.
2. **Période de Croissance Rapide** : À mesure que les chiots Chihuahua grandissent, ils connaissent une période de croissance rapide. Entre 8 et 12 semaines, ils doublent généralement leur poids de naissance et commencent à développer leur coordination motrice et leur musculature. Pendant cette période, il est crucial de leur fournir une alimentation de haute qualité et équilibrée pour soutenir leur croissance et leur développement.
3. **Adolescence et Maturité Précoce** : Les Chihuahuas atteignent généralement leur taille adulte entre 9 et 12 mois, bien que leur développement physique puisse varier d'un individu à l'autre. À ce stade, ils ont généralement développé leur pleine taille et musculature, bien que leur

comportement puisse encore refléter celui d'un chiot. C'est aussi le moment où les propriétaires peuvent commencer à introduire une formation plus avancée et à socialiser davantage leur Chihuahua.
4. **Maturité Physique et Comportementale** : La maturité physique complète d'un Chihuahua est généralement atteinte vers l'âge de 1 à 2 ans. À ce stade, ils ont développé pleinement leur musculature, leur système immunitaire et leur système nerveux. Leurs besoins énergétiques peuvent commencer à diminuer légèrement, mais ils restent généralement actifs et alertes tout au long de leur vie. Sur le plan comportemental, les Chihuahuas peuvent devenir plus calmes et moins enclins à des comportements destructeurs une fois qu'ils ont atteint leur maturité.
5. **Soin et Suivi Continu** : Tout au long de leur vie, les Chihuahuas ont besoin de soins réguliers et d'un suivi vétérinaire pour assurer leur santé et leur bien-être. Cela inclut une alimentation adaptée à leur âge et à leur niveau d'activité, des visites chez le vétérinaire pour les vaccins et les bilans de santé, ainsi que des exercices et des activités mentales pour les garder stimulés et en bonne santé.

En conclusion, le développement physique et la maturité du Chihuahua suivent une trajectoire prévisible, avec des étapes clés de croissance et de maturation. Il est important pour les propriétaires de Chihuahuas de comprendre ces étapes et de fournir à leur animal les soins appropriés à chaque étape de sa vie.

Les particularités du pelage.

Le Chihuahua se distingue par son pelage unique, qui présente plusieurs caractéristiques intéressantes:

Deux types de pelage:
- **Poil court:** Le plus répandu, fin, lisse et brillant. Il peut être de différentes couleurs, y compris fauve, noir, marron, bleu, beige, crème et chocolat.
- **Poil long:** Moins fréquent, plat ou légèrement ondulé, avec des franges sur les oreilles, le cou et les pattes. Offre une variété de couleurs similaire au pelage court.

Densité du pelage:
- Le pelage est généralement dense, mais peut varier en épaisseur selon le chien et la saison.
- En hiver, un sous-poil plus épais peut se développer pour fournir une meilleure isolation.

Soins du pelage:
- **Poil court:** Un brossage hebdomadaire suffit pour éliminer les poils morts et maintenir la propreté.
- **Poil long:** Un brossage et un peignage plus fréquents (environ 3 fois par semaine) sont nécessaires pour éviter les nœuds.
- Des bains occasionnels sont recommandés pour les deux types de pelage, en utilisant un shampooing doux pour chien.

Particularités:
- La mue se produit deux fois par an, au printemps et en automne.
- Le Chihuahua est une race hypoallergénique, ce qui signifie qu'il produit moins de squames que d'autres races, ce qui peut être bénéfique pour les personnes allergiques.
- La couleur du pelage peut changer légèrement avec l'âge du chien.

Son prix :

Le prix d'un Chihuahua peut varier considérablement en fonction de plusieurs facteurs, notamment :

Pays d'origine:
- **France:** Le prix moyen d'un Chihuahua en France se situe entre 800€ et 2500€. Les éleveurs renommés et les lignées championnes peuvent afficher des prix plus élevés, atteignant parfois 4000€ ou plus.
- **États-Unis:** Le prix d'un Chihuahua aux États-Unis varie entre 500$ et 3000$. Les lignées rares et les couleurs exotiques peuvent coûter plus cher, jusqu'à 5000$ ou plus.
- **Angleterre:** Le prix d'un Chihuahua en Angleterre se situe entre 500£ et 2000£. Les éleveurs de renom et les chiens avec pedigree peuvent coûter plus cher, jusqu'à 3000£ ou plus.

Autres pays:
- **Canada:** 800$ - 3000$
- **Allemagne:** 800€ - 2500€
- **Australie:** 1000$ - 3500$
- **Suisse:** 800 CHF - 2500 CHF

Facteurs influençant le prix:
- **Type de pelage:** Les Chihuahuas à poil long sont généralement plus chers que ceux à poil court.
- **Couleur du pelage:** Les couleurs rares et exotiques, comme le bleu ou le chocolat, peuvent coûter plus cher.
- **Lignée et pedigree:** Les chiens avec des lignées championnes ou un pedigree prestigieux peuvent avoir un prix plus élevé.
- **Sexe:** Les femelles sont généralement plus chères que les mâles.
- **Santé:** Les chiens avec des tests de santé complets et des certificats de bonne santé peuvent coûter plus cher.
- **Réputation de l'éleveur:** Les éleveurs renommés et expérimentés ont tendance à facturer plus cher pour leurs chiots.

Explication des variations de prix:
- Les variations de prix entre les pays peuvent s'expliquer par les différences de coût de la vie, de taxes et de popularité de la race.
- Les facteurs individuels tels que la couleur, le type de pelage et la lignée peuvent également influencer le prix.
- Il est important de faire ses recherches et de choisir un éleveur responsable pour obtenir un Chihuahua en bonne santé et bien socialisé, quel que soit son prix.

En raison de Sa popularité, il est essentiel de faire preuve de prudence lors de l'achat d'un chiot de cette race. Il est recommandé de se tourner vers des éleveurs de confiance qui fournissent des informations sur le pedigree, l'état de santé et le comportement des chiots. Les futurs propriétaires doivent également éviter les pratiques d'élevage irresponsables, telles que les usines à chiots, qui peuvent nuire à la santé et au bien-être des chiens.

Personnalité et comportement :

Le Chihuahua est réputé pour sa personnalité vive et alerte. Malgré sa petite taille, il peut être courageux et se comporte parfois de manière plus grande que nature. Voici quelques traits typiques de sa personnalité :

- **Affectueux :** il est souvent très attaché à son propriétaire et cherche souvent à être près de lui, cherchant chaleur et réconfort.
- **Joueur :** Il aime jouer et peut être assez actif, bien qu'il ait besoin d'un exercice modéré en raison de sa petite taille.
- **Protecteur :** Le Chihuahua peut être territorial et se montrer protecteur envers son foyer et sa famille.
- **Fidèle :** Il a tendance à former un lien fort avec une personne en particulier et peut être méfiant envers les étrangers.
- **Indépendant :** Malgré son attachement, le Chihuahua peut également être assez indépendant et apprécier des moments de solitude.
- **Aventureux :** Il est curieux de nature et peut être assez intrépide, ce qui peut parfois le mettre en danger s'il n'est pas surveillé de près.

Il est important de socialiser le Chihuahua dès son plus jeune âge pour éviter tout comportement craintif ou agressif. Une éducation ferme mais douce est recommandée pour canaliser son énergie et sa vivacité d'esprit.

Son comportement en famille?

Le Chihuahua est souvent très attaché à sa famille et aime être impliqué dans ses activités. Il peut être un compagnon joyeux et affectueux, cherchant souvent à être près de ses proches. Certains Chihuahuas peuvent être un peu possessifs ou jaloux envers d'autres animaux de compagnie ou membres de la famille, mais une socialisation appropriée et une éducation positive peuvent aider à atténuer ces comportements. En famille, le Chihuahua peut être un excellent compagnon, prêt à jouer et à se câliner, mais il peut aussi avoir besoin de temps seul pour se reposer. Il peut s'entendre avec les enfants s'il est habitué à leur compagnie et s'il est traité avec douceur et respect. Comme il est petit et délicat, il est important de superviser les interactions entre le Chihuahua et les enfants pour éviter tout incident.

Dans l'ensemble, le Chihuahua peut être un membre loyal et aimant de la famille, apportant joie et amusement à ceux qui l'entourent.

Son comportement avec les enfants ?

Le comportement d'un Chihuahua avec les enfants peut varier en fonction de plusieurs facteurs, notamment son tempérament individuel, son niveau de socialisation, et la manière dont il a été éduqué et traité. Cependant, voici quelques points généraux à considérer :

1. **Taille :** En raison de sa petite taille, un Chihuahua peut être plus vulnérable aux comportements brusques ou maladroits des jeunes enfants. Il est donc important d'apprendre aux enfants à être doux et respectueux envers le chien.
2. **Socialisation :** Un Chihuahua bien socialisé dès son plus jeune âge sera plus enclin à bien s'entendre avec les enfants. Une exposition positive à différentes situations, personnes et animaux peut aider à prévenir les comportements craintifs ou agressifs.
3. **Surveillance :** Il est essentiel de superviser les interactions entre un Chihuahua et les enfants, surtout les plus jeunes, pour éviter tout incident. Les enfants doivent apprendre à respecter les limites du chien et à reconnaître les signes de stress ou d'inconfort.
4. **Éducation :** Un Chihuahua bien éduqué et bien traité peut être un compagnon merveilleux pour les enfants. Une éducation positive basée sur la récompense et la patience est recommandée pour favoriser un comportement calme et bien équilibré.

En résumé, un Chihuahua peut bien s'entendre avec les enfants s'il est correctement socialisé, éduqué et supervisé. Il est important de prendre en compte la personnalité individuelle du chien et d'enseigner aux enfants à respecter ses besoins et ses limites pour garantir une relation harmonieuse entre eux.

Il est important d'enseigner aux enfants Ces règles de sécurité de base lorsqu'ils interagissent avec des chiens. Voici quelques exemples :
1. Toujours demander la permission du propriétaire avant de toucher le chien.
2. Ne pas déranger le chien pendant qu'il mange ou dort.
3. Ne pas tirer sur les oreilles, la queue ou les poils du chien.
4. Ne pas courir ou crier autour du chien, cela peut le stresser et le rendre anxieux.
5. Ne pas laisser les jeunes enfants seuls avec le chien sans surveillance d'un adulte.
6. Apprendre à lire les signes du langage corporel du chien, tels que les signes de stress ou de menace, pour savoir quand le chien n'est pas à l'aise.
7. Éviter les jeux brusques ou les comportements agressifs avec le chien.
En enseignant ces règles de sécurité de base aux enfants, ils peuvent apprendre à interagir de manière appropriée avec les chiens et éviter de mettre le chien ou eux-mêmes en danger. Il est également crucial de superviser toutes les interactions entre les enfants et le chien pour s'assurer que tout se passe bien.

En résumé, Le Chihuahua peut être un excellent compagnon pour les enfants s'il est correctement éduqué et socialisé. Cependant, il est primordiale de lui offrir suffisamment d'attention et de temps de qualité, de lui fournir une formation adéquate et de surveiller les interactions entre les enfants et le chien pour éviter tout incident.

> **Attention :**
> Bien que Le Chihuahua soit généralement un chien doux et affectueux envers les enfants, il peut rarement présenter des comportements agressifs ou inquiétants sous l'influence du stress et de l'anxiété. Si cela se produit, il est crucial de prendre immédiatement des mesures pour assurer la sécurité de tous et de consulter un professionnel pour obtenir de l'aide et des conseils sur la gestion

de ce comportement. Il est également important de surveiller les interactions entre les enfants et le chien et de leur apprendre à respecter les limites et les règles de sécurité. En général, Le Chihuahua est une race de chien idéale pour les familles avec enfants, mais vous devez rester vigilant et prendre les mesures nécessaires pour assurer la sécurité de tous.

Que faire en cas d'agression ?

Voici quelques conseils pour savoir comment vous comporter en cas d'agression de votre chien :

1. **Maintenez votre calme et reculez :** Si votre chien vous montre de l'agressivité, reculez lentement pour vous donner de l'espace et éviter toute confrontation physique directe. Ne criez pas ou ne paniquez pas, car cela pourrait aggraver la situation. Ne tournez pas le dos et ne courez pas, car cela peut le stimuler davantage.
2. **Assurez-vous que les enfants soient immédiatement en sécurité :** Si le chien est encore présent, mettez les enfants en sécurité hors de sa portée. Si nécessaire, appelez une ambulance ou les services d'urgence pour des soins médicaux d'urgence.
3. **Évitez le contact visuel :** Évitez de regarder directement votre chien dans les yeux, car cela peut être perçu comme un défi. Baissez doucement le regard et détournez votre attention pour apaiser la tension mais sans le perdre de vue. je le surveille sans le regarde face à face.
4. **Ne punissez pas l'agression :** Évitez de punir ou de réprimander votre chien lorsqu'il montre de l'agressivité envers vous. Cela ne fera qu'augmenter son stress et peut conduire à des comportements plus graves.
5. **Utilisez des signaux de calme :** Utilisez des signaux corporels et vocaux de calme, comme des respirations profondes et lentes, pour signaler à votre chien que vous n'êtes pas une menace. Parlez-lui d'une voix douce et apaisante pour l'encourager à se détendre.
6. **Protégez-vous :** Si nécessaire, utilisez des objets à portée de main, tels qu'une couverture ou un vêtement épais, pour vous protéger des morsures potentielles. Évitez de mettre vos mains à proximité de la bouche de votre chien s'il montre des signes d'agression.
7. **Évitez de blâmer les enfants :** Il ne faut pas blâmer les enfants pour l'incident, même si vous pensez qu'ils ont provoqué le chien. Les enfants peuvent ne pas comprendre comment leur comportement affecte un chien, ou peuvent être trop jeunes pour comprendre les conséquences de leurs actions.
8. **Évitez de punir le chien :** Évitez de punir le chien pour son comportement agressif. La punition peut aggraver le comportement du chien et aggraver la situation. En outre, cela pourrait aggraver les blessures des enfants.
9. **Éduquez les enfants sur les règles de sécurité avec les chiens :** Il faut éduquer les enfants sur les règles de sécurité avec les chiens afin de prévenir de futurs incidents. Les enfants doivent comprendre que les chiens ont besoin d'espace et de temps pour eux-mêmes, et qu'ils ne doivent jamais taquiner ou provoquer un chien.
10. **Faites preuve de prudence avec le chien à l'avenir :** Si vous êtes propriétaire du chien, il est important d'être prudent à l'avenir pour éviter de futurs incidents. Cela peut inclure des mesures telles que la formation de votre chien, l'installation de clôtures ou de portes de sécurité et la supervision étroite des interactions entre le chien et les enfants.

11. **Si vous ne parvenez pas à le calmer.** Si vous vous sentez en danger, n'hésitez pas à demander de l'aide à un tiers ou à appeler les secours. Il ne faut pas essayer de maîtriser votre chien seul si vous ne vous sentez pas capable de le faire en toute sécurité.
12. **Contactez un vétérinaire ou un comportementaliste canin :** Si vous êtes propriétaire du chien, contactez immédiatement un vétérinaire ou un comportementaliste canin pour obtenir de l'aide et des conseils sur la gestion de ce comportement. Ils pourront évaluer le chien et vous aider à déterminer les mesures appropriées à prendre.
13. **Signalez l'incident :** Si le chien appartient à quelqu'un d'autre, vous devez signaler l'incident aux autorités locales, telles que la police ou les services animaliers. Ils peuvent vous aider à prendre les mesures appropriées pour assurer la sécurité de tous les enfants impliqués.

Il est essentiel de prendre des mesures pour éviter les situations d'agression avec votre chien. Assurez-vous de le socialiser dès son plus jeune âge et de lui donner une formation adéquate pour qu'il apprenne à interagir correctement avec les autres chiens et les humains. Si votre chien présente des signes d'agressivité ou de stress, consultez un vétérinaire ou un comportementaliste pour obtenir de l'aide.

Son comportement avec les étrangers ?

Le comportement du Chihuahua envers les étrangers est influencé par plusieurs facteurs, dont sa socialisation, sa personnalité et ses expériences passées.

- **Socialisation:** Un Chihuahua bien socialisé dès son plus jeune âge sera généralement plus à l'aise avec les étrangers qu'un chien qui n'a pas été socialisé. Il est important de l'exposer à différentes personnes et situations dès son plus jeune âge pour qu'il apprenne à ne pas avoir peur des étrangers.
- **Personnalité:** Certains Chihuahuas sont naturellement plus sociables que d'autres. Il est important de connaître la personnalité de votre chien et de respecter ses limites.
- **Expériences passées:** Un Chihuahua qui a eu des expériences négatives avec des étrangers peut être plus craintif ou agressif envers eux. Il est important de faire preuve de patience et de compréhension avec un chien qui a eu des expériences négatives.

Comportement typique:
- **Craintif:** Le Chihuahua peut se cacher ou aboyer excessivement lorsqu'il rencontre des étrangers.
- **Méfiant:** Il peut observer les étrangers de loin avant de s'approcher d'eux.
- **Amical:** Il peut être heureux de rencontrer de nouvelles personnes et leur faire des câlins.

Voici quelques conseils à suivre lors de la rencontre entre votre chien Chihuahua et un étranger pour favoriser une interaction harmonieuse :
1. Informez l'étranger de demander votre permission avant d'approcher ou de caresser votre chien. Même s'il semble amical, il est primordial de respecter son espace personnel et de solliciter l'autorisation avant toute interaction physique.

2. Assurez-vous que votre chien est tenu en laisse ou dans un espace sécurisé pour éviter tout incident. Contrôlez toujours votre chien, surtout s'il est en liberté, afin d'éviter tout comportement imprévu.
3. Laissez votre chien s'approcher de l'étranger à son rythme. Ne le forcez pas à interagir s'il n'est pas à l'aise. Permettez-lui de décider du niveau de proximité qu'il souhaite avec l'étranger.
4. Demandez à l'étranger de ne pas regarder votre chien directement dans les yeux, ce qui peut être perçu comme une menace. Encouragez-le à regarder le chien de côté ou vers le bas pour signaler qu'il n'est pas une menace.
5. Demandez à l'étranger de ne pas toucher la tête ou le cou de votre chien dès le premier contact. Ces zones sont sensibles et certains chiens peuvent réagir de manière négative à un toucher inattendu.
6. Évitez les environnements stressants ou intimidants qui pourraient provoquer une réaction agressive chez votre chien. Si possible, choisissez un endroit calme et familier pour les rencontres avec des étrangers.
7. Offrez à votre chien une formation adéquate pour gérer les interactions sociales. Une éducation appropriée peut renforcer sa confiance et lui apprendre à réagir de manière appropriée en présence d'étrangers.

En général, Le Chihuahua peut être réservé envers les étrangers, mais une socialisation précoce et une éducation positive peuvent favoriser des interactions pacifiques. En suivant ces conseils lors des rencontres avec des étrangers, vous pouvez contribuer à créer des interactions positives pour votre chien et les personnes qu'il rencontre.

Comment se comporte-t-il avec les autres chiens.

En ce qui concerne le comportement de Le Chihuahua avec les autres chiens, il peut parfois manifester une attitude réservée ou dominante. Cependant, chaque chien a sa propre personnalité, et une socialisation précoce et adéquate est cruciale pour favoriser des interactions harmonieuses. Voici quelques conseils pour faciliter les rencontres entre votre Chihuahua et d'autres chiens :

1. **Socialisation précoce :** Exposez votre chiot à des chiens bien éduqués et à des environnements sociaux dès son plus jeune âge pour qu'il apprenne à interagir de manière positive.
2. **Surveillance :** Soyez attentif lors des rencontres avec d'autres chiens, surtout au début. Observez les signes de jeu, d'excitation et d'acceptation mutuelle.
3. **Respect des limites :** Assurez-vous que votre chien respecte les signaux de communication des autres chiens et apprenez-lui à réagir de manière appropriée. Assurez-vous également qu'il ne dépasse pas les limites des autres chiens lors des interactions.
4. **Éducation continue :** Continuez à entraîner votre chien pour qu'il maintienne de bonnes compétences en matière de comportement, notamment lors des interactions avec d'autres chiens.
5. **Éviter les conflits :** Évitez les situations où votre chien pourrait se sentir menacé ou intimidé par d'autres chiens, car cela peut déclencher des comportements agressifs.

En suivant ces conseils et en surveillant attentivement les interactions entre votre chien et d'autres chiens, vous pouvez encourager des rencontres positives et favorables.

Comment faire pour Séparer des chiens en cas de querelle :

Séparer des chiens en cas de querelle peut être une situation stressante et potentiellement dangereuse pour les propriétaires et les chiens impliqués. Il faut savoir comment agir correctement pour minimiser les risques de blessures. Voici une fiche pratique pour séparer votre chien des autres chiens en cas de querelle :

1. **Restez calme :** Les chiens peuvent facilement détecter la peur et le stress chez leur propriétaire, ce qui peut aggraver la situation. Restez calme et détendu pour aider à calmer votre chien.
2. **Utilisez un objet pour séparer les chiens :** Utilisez un objet pour séparer les chiens, tel qu'un bâton ou une chaise, pour éviter de vous faire mordre ou griffer. Évitez d'utiliser vos mains pour séparer les chiens, car cela pourrait vous blesser.
3. **Évitez de crier ou de paniquer :** Crier ou paniquer peut aggraver la situation et rendre les chiens plus agressifs. Parlez d'une voix calme et ferme pour tenter de calmer les chiens. Pour parler d'une voix calme et ferme, vous pouvez utiliser un ton de voix bas et régulier, sans être trop fort ni trop doux. Essayez de parler de manière déterminée, mais sans être menaçant. Vous pouvez par exemple dire "Stop" ou "Laisse" d'une voix ferme, mais sans élever le ton. Si votre chien a tendance à réagir aux commandes en langage corporel, vous pouvez également utiliser un geste de la main pour l'arrêter ou le rappeler. L'important est de rester calme et de ne pas aggraver la situation en criant ou en paniquant.
4. **Utilisez des friandises :** Si les chiens se battent pour une ressource, telle que de la nourriture ou un jouet, utilisez des friandises pour distraire votre chien et le sortir de la situation.
5. **Utilisez un spray anti-agression :** Si votre chien est impliqué dans une querelle fréquente avec d'autres chiens, vous pouvez utiliser un spray anti-agression spécialement conçu pour les chiens pour calmer votre chien et éviter une situation dangereuse.
6. **Envisagez de consulter un professionnel :** Si votre chien est impliqué dans des querelles fréquentes avec d'autres chiens, il est important de consulter un professionnel pour déterminer la cause sous-jacente du comportement agressif et obtenir des conseils sur la gestion de cette situation.

Il est crucial de comprendre que la séparation de chiens en cas de querelle peut être une situation stressante et potentiellement dangereuse pour tous les chiens impliqués. Il est donc important de prendre des mesures pour prévenir ces situations en surveillant attentivement les interactions entre les chiens et en évitant les zones à forte densité canine si votre chien a tendance à être agressif envers les autres chiens.

Que faire si mon chien attaque les autres chiens :

Si votre chien présente des comportements agressifs envers les autres chiens, il est important de prendre des mesures immédiates pour assurer la sécurité de tous les chiens impliqués et pour corriger le comportement de votre chien. Voici quelques mesures de sécurité à prendre en cas de comportement agressif de votre chien envers les autres chiens :

1. **Mettez votre chien en laisse :** Si votre chien présente un comportement agressif envers d'autres chiens, il faut le maintenir en laisse pour éviter tout incident. Si vous êtes dans un parc pour chiens, éloignez votre chien des autres chiens ou quittez le parc si nécessaire.

2. **Soyez attentif aux signaux corporels** : Les signaux corporels tels que le grognement, le poil hérissé et le regard fixe peuvent indiquer que votre chien est sur le point d'adopter un comportement agressif envers les autres chiens. Soyez attentif à ces signaux et agissez rapidement pour prévenir tout incident.
3. **Évitez les situations stressantes** : Évitez de mettre votre chien dans des situations stressantes qui pourraient provoquer un comportement agressif. Évitez les endroits bondés et les zones où il y a beaucoup d'autres chiens.
4. **Consulter un professionnel** : Si votre chien présente des comportements agressifs envers les autres chiens, il est important de consulter un comportementaliste canin ou un vétérinaire comportementaliste pour vous aider à corriger ce comportement. Ils peuvent vous aider à comprendre les raisons sous-jacentes du comportement agressif de votre chien et vous donner des conseils pour le corriger.
5. **Évitez de punir votre chien** : Évitez de punir votre chien pour son comportement agressif envers les autres chiens. La punition peut aggraver le comportement agressif de votre chien et rendre la situation encore plus dangereuse.
6. **Éduquer votre chien** : Éduquez votre chien en utilisant des techniques de renforcement positif pour récompenser les comportements appropriés envers les autres chiens. En renforçant les comportements appropriés, vous pouvez aider votre chien à apprendre à interagir de manière appropriée avec les autres chiens.

En résumé, si votre chien présente des comportements agressifs envers les autres chiens, il est important de prendre des mesures immédiates pour assurer la sécurité de tous les chiens impliqués. Évitez les situations stressantes, mettez votre chien en laisse et soyez attentif aux signaux corporels de votre chien. Consultez un comportementaliste canin ou un vétérinaire comportementaliste pour vous aider à corriger ce comportement, et éduquez votre chien en utilisant des techniques de renforcement positif pour récompenser les comportements appropriés envers les autres chiens.

En résumé, si votre Chihuahua présente des comportements agressifs envers d'autres chiens, il est crucial de prendre des mesures immédiates pour assurer la sécurité de tous les chiens impliqués. Évitez les situations stressantes, maintenez votre chien en laisse, soyez attentif aux signaux corporels et consultez un professionnel pour obtenir des conseils et des solutions pour corriger ce comportement. Avec une approche adaptée, votre Chihuahua peut apprendre à interagir de manière positive avec d'autres chiens.

Comment gérer ses comportements indésirables ?

Voici comment gérer différentes situations S'il est timide, méfiant ou agressif envers les autres chiens:

Que faire s'il est timide et méfiant?

1. **Commencez par des séances de socialisation douces :** Exposez votre chien à des situations sociales progressivement et de manière contrôlée. Des promenades dans des parcs peu fréquentés où il y a peu de monde et de chiens peuvent aider à l'habituer à de nouveaux environnements sans le stresser.
2. **Socialisation précoce :** La socialisation précoce est essentielle pour aider un chien timide à surmonter sa timidité. Exposez-le à diverses situations et à différents types de chiens dès son plus jeune âge pour l'aider à développer sa confiance en lui et à s'habituer à l'interaction sociale.
3. **Observation avant interaction :** Si votre compagnon à quatre pattes est méfiant envers d'autres chiens, donnez-lui le temps de les observer et de les renifler à distance avant de les laisser interagir. Ne forcez pas les interactions et assurez-vous que votre chien se sent en sécurité avant de procéder.
4. **Utilisez des récompenses :** Utilisez des récompenses, telles que des friandises ou des éloges, pour renforcer son comportement positif lorsqu'il se comporte bien en présence d'autres chiens. Cela l'aidera à associer les interactions sociales à quelque chose de positif et à réduire son niveau de stress.
5. **Formation et gestion des comportements agressifs :** Si votre chien montre des signes d'agressivité envers d'autres chiens, il est nécessaire de le dresser et de lui apprendre à contrôler ses instincts agressifs. Travaillez avec un entraîneur professionnel ou suivez un programme de formation pour vous aider à gérer ce comportement. Surveillez attentivement les interactions entre votre Chihuahua et d'autres chiens, et intervenez si nécessaire pour prévenir les conflits.

Comment dresser mon chien à contrôler son agressivité :

Voici une fiche pratique pour aider à dresser un chien agressif envers les autres chiens :

1. Comprendre les causes de l'agression :

Tout d'abord, il est primordial de comprendre les raisons pour lesquelles votre chien est agressif envers les autres chiens. Est-ce qu'il a peur, est-ce qu'il est territorial ou est-ce qu'il a été mal socialisé ? Il est important de comprendre la cause de son agression pour pouvoir choisir la bonne méthode d'entraînement.

Voici quelques pistes à explorer en fonction de la cause possible de l'agression de votre chien :

! Si votre chien a peur :

- Évitez de confronter votre chien à ses peurs et de le forcer à interagir avec les autres chiens.
- Évitez de punir ou de crier sur votre chien pour son comportement agressif, car cela ne fera qu'aggraver sa peur.
- Utilisez la désensibilisation et le contre-conditionnement pour aider votre chien à associer les situations effrayantes avec des choses positives, comme des friandises ou des jeux.

  ✓ **La désensibilisation** consiste à exposer progressivement le chien à des stimuli qui déclenchent sa peur ou son comportement indésirable, tout en le gardant dans un état de calme et de détente.

L'idée est de l'exposer graduellement à ces stimuli de manière à ce que le chien s'habitue progressivement à leur présence et finisse par ne plus les considérer comme menaçants. Comme les bruits forts, en commençant par un volume faible et en l'augmentant graduellement jusqu'à ce qu'il s'habitue et ne réagisse plus avec peur.

- ✓ **Le contre-conditionnement** consiste à associer un stimulus négatif avec un stimulus positif, afin de changer la réponse émotionnelle du chien à ce stimulus. Par exemple, si un chien a peur des enfants, le contre-conditionnement consiste à exposer le chien à des enfants en le récompensant chaque fois qu'il interagit positivement avec eux. Le chien apprend alors à associer la présence des enfants à quelque chose de positif plutôt que de négatif.

⚠ Si votre chien est territorial :

- Si votre chien est territorial, il est important d'éviter de le laisser sans surveillance dans des zones où il pourrait se sentir menacé, telles que le jardin, un balcon ou une cour où il peut voir ou entendre des étrangers ou d'autres animaux passer. Il est également important de ne pas laisser votre chien seul avec des visiteurs inconnus dans votre maison et de ne pas le laisser seul dans une voiture garée, car cela peut déclencher un comportement agressif. Assurez-vous de présenter votre chien de manière appropriée aux invités et surveillez leur interaction pour prévenir tout comportement agressif.
- Établissez des limites claires pour votre chien et enseignez-lui à respecter ces limites. vous pouvez désigner un espace spécifique dans votre maison, utiliser une laisse ou une barrière pour délimiter les zones où votre chien peut se déplacer, enseigner à votre chien à rester dans un endroit spécifique lors de l'ouverture de la porte, utiliser une cage ou une caisse pour offrir un espace sûr et confortable à votre chien, et utiliser des commandes de base pour enseigner à votre chien à respecter les personnes et les animaux de la maison. Vous récompenser le bon comportement et de corriger le mauvais comportement pour établir des limites claires et cohérentes pour votre chien.
- Utilisez des techniques de renforcement positif pour apprendre à votre chien à accepter les autres chiens dans son territoire.

⚠ Si votre chien a été mal socialisé :

- Commencez par des interactions positives et courtes avec d'autres chiens et augmentez progressivement la durée et la complexité de ces interactions.
- Soyez patient et persévérant, car la socialisation peut prendre du temps et nécessite de la patience et de la constance.

Il ne faut pas oublié que chaque cas est unique et que les causes de l'agression de votre chien peuvent être multiples et complexes. Si vous avez des doutes ou des questions sur la façon de gérer le comportement agressif de votre chien, n'hésitez pas à consulter un professionnel pour obtenir de l'aide et des conseils personnalisés.

2. Éviter les situations à risque :

Pour commencer, il faut éviter les situations à risque où votre chien pourrait être confronté à d'autres chiens. Cela peut inclure des endroits comme les parcs à chiens ou les rues animées. Éviter ces situations à risque permettra de minimiser les chances que votre chien ait une mauvaise expérience.

3. Utiliser une muselière :

Si vous ne pouvez pas éviter les situations à risque, vous pouvez utiliser une muselière pour empêcher votre chien de mordre ou de blesser d'autres chiens. Assurez-vous que la muselière est bien ajustée et que votre chien peut respirer facilement.

4. Socialisation :

La socialisation de votre chien consiste à lui apprendre à interagir avec les personnes, les autres chiens et les environnements de manière positive et sans danger. Il faut commencer la socialisation dès le plus jeune âge de votre chien pour maximiser ses chances de devenir un chien bien équilibré et sûr dans toutes les situations.

Voici quelques conseils pour bien socialiser votre chien :

1. Présentez votre chiot à différentes personnes, y compris des hommes, des femmes, des enfants, des personnes âgées et des personnes avec des accessoires tels que des chapeaux, des lunettes et des parapluies.
2. Présentez votre chiot à différents types d'animaux, comme des chats et des oiseaux, ainsi qu'à d'autres chiens.
3. Exposez votre chiot à différents types d'environnements, y compris des villes, des parcs, des plages et des espaces intérieurs.
4. Exposez votre chiot à différents types de stimuli, comme les sons de la circulation, les bruits des appareils électroménagers et les vibrations des voitures.
5. Récompensez votre chiot pour des comportements positifs lors de la socialisation et évitez de le réprimander ou de le punir pour des comportements indésirables.

En socialisant correctement votre chien, vous pouvez vous assurer qu'il sera à l'aise et bien équilibré dans toutes les situations et avec toutes les personnes et les animaux qu'il rencontre. Si vous avez des questions ou des préoccupations concernant la socialisation de votre chien, consultez un professionnel pour obtenir des conseils et de l'aide.

5. Entraînement en obéissance :

L'entraînement en obéissance peut aider à renforcer le lien entre vous et votre chien, ainsi qu'à lui apprendre à contrôler ses instincts agressifs. L'entraînement en obéissance peut inclure des commandes de base telles que "assis", "couché" et "reste". Entraînez-le dans un endroit calme et sans distractions pour commencer, puis augmentez progressivement la difficulté.

6. Entraînement avec des jouets :

L'entraînement avec des jouets peut aider à distraire votre chien lorsqu'il est confronté à d'autres chiens. Utilisez des jouets qui sont résistants et faciles à nettoyer pour éviter les risques d'étouffement ou d'infections. Les jouets interactifs peuvent être une excellente façon de garder votre chien occupé et de l'aider à se concentrer sur autre chose que son agression.

7. Renforcement positif :

8. Le renforcement positif est important pour aider votre chien à apprendre de nouveaux comportements. Cela peut inclure des friandises ou des éloges pour les comportements appropriés,

et l'ignorance ou la redirection pour les comportements inappropriés. Évitez les punitions physiques ou les cris, car cela peut aggraver la situation.

9. Consultez un professionnel :

Si vous rencontrez des difficultés avec l'entraînement de votre chien agressif, n'hésitez pas à consulter un professionnel pour obtenir de l'aide et des conseils. Un comportementaliste canin peut vous aider à comprendre les raisons de l'agression de votre chien et à élaborer un plan d'entraînement approprié

Que faire s'il est agressif ?

L'agressivité chez les chiens peut être causée par de nombreux facteurs, y compris la douleur, la peur, la protection de son territoire ou de sa famille, le jeu, l'instinct de chasse et la frustration. Pour comprendre pourquoi il est agressif, il est recommandé de prête beaucoup d'attention aux comportements de votre chien afin de parvenir à mieux comprendre les causes son agressivité et la façon de gérer ce comportement.

> **NB :** Pour apprendre quoi faire dans ce cas je vous inviter à lire le chapitre **« quoi faire face à l'agressivité de votre chien »** dans laquelle je vous explique en étapes ce que vous devez faire pour chaque situation

Voici quelques signes qui peuvent indiquer la cause de l'agressivité de votre chien:

- **Douleur:** S'il est agressif lorsqu'il est touché ou manipulé dans certaines parties de son corps, il est possible qu'il souffre de douleur. Dans ce cas, il est crucial de consulter un vétérinaire pour évaluer la cause de la douleur et mettre en place un plan de traitement adéquat.
- **Peur :** S'il est agressif lorsqu'il est confronté à des situations stressantes ou effrayantes, il est possible qu'il réagisse de cette manière pour se protéger.
- **Protection** de son territoire ou de sa famille: S'il est agressif lorsqu'il est confronté à des étrangers ou à d'autres animaux, il est possible qu'il réagisse de cette manière pour protéger son territoire ou sa famille.
- **Jeu:** S'il est agressif lorsqu'il joue, il est possible qu'il ait du mal à différencier le jeu de la réalité.
  • Instinct de chasse: S'il est agressif lorsqu'il est confronté à d'autres animaux, il est possible qu'il réagisse de cette manière en raison de son instinct de chasse.
- **Frustration:** S'il est agressif lorsqu'il n'a pas accès à des ressources ou lorsqu'il n'est pas en mesure de faire quelque chose qu'il désire, il est possible qu'il réagisse de cette manière en raison de la frustration.

Il ne faut pas oublier que ces causes de l'agressivité ne sont pas exhaustives et qu'il peut y avoir d'autres facteurs qui contribuent à ce comportement chez votre chien . Si vous constatez des signes d'agressivité chez votre chien, il est important de consulter un professionnel pour obtenir de l'aide et comprendre la cause sous-jacente de ce comportement.

Les aspects négatifs de sa personnalité.

Comme toutes les races de chiens, le Chihuahua peut présenter certains aspects négatifs de sa personnalité, souvent liés à des problèmes de comportement qui peuvent être gérés avec une éducation appropriée. Voici quelques-uns des aspects négatifs potentiels :

1. **Agressivité envers les autres chiens ou les étrangers :** Certains Chihuahuas peuvent être territoriaux ou jaloux, ce qui peut se traduire par de l'agressivité envers d'autres chiens ou des personnes qu'ils ne connaissent pas. Une socialisation précoce et une éducation ferme mais douce peuvent aider à atténuer ce comportement.
2. **Aboiements excessifs :** Le Chihuahua a tendance à être vocal et peut aboyer facilement, parfois de manière excessive. Cela peut être un problème si le comportement n'est pas contrôlé, mais une formation appropriée peut aider à limiter les aboiements inutiles.
3. **Sensibilité :** En raison de sa petite taille, le Chihuahua peut être sensible au froid, à la chaleur et à d'autres stimuli. Il peut réagir de manière excessive à certaines situations, ce qui peut nécessiter une approche douce et calme pour le rassurer.
4. **Fragilité :** En tant que race de petite taille, le Chihuahua est plus fragile que les races de chiens plus grandes et peut être blessé plus facilement. Il est important de manipuler le Chihuahua avec précaution et de lui offrir un environnement sécuritaire pour éviter les accidents.
5. **Attachement excessif :** Le Chihuahua peut parfois développer un attachement excessif à une seule personne, ce qui peut entraîner de l'anxiété de séparation lorsque cette personne n'est pas présente. Une socialisation adéquate et une routine stable peuvent aider à prévenir ce comportement.
6. **Peur des étrangers:** Le Chihuahua peut être craintif envers les étrangers. Il est important de le sociabiliser dès son plus jeune âge pour qu'il se sente à l'aise avec les personnes qu'il ne connaît pas.
7. **Jaloux:** Le Chihuahua peut être jaloux des autres animaux et des personnes qui reçoivent l'attention de son maître. Il est important de lui apprendre à partager et à ne pas être jaloux.

Conseils pour gérer les aspects négatifs de la personnalité du Chihuahua :

- **Dressage:** Dressez votre Chihuahua dès son plus jeune âge pour lui apprendre les ordres de base et l'empêcher de développer des comportements indésirables.
- **Socialisation:** Exposez votre Chihuahua à différentes personnes, situations et environnements dès son plus jeune âge pour qu'il devienne un chien confiant et sociable.
- **Exercice:** Assurez-vous que votre Chihuahua a suffisamment d'exercice pour rester en bonne santé et heureux. Un chien fatigué est un chien moins susceptible d'être aboyeur ou destructeur.
- **Renforcement positif:** Utilisez le renforcement positif pour récompenser votre Chihuahua lorsqu'il se comporte bien. Cela l'encouragera à répéter les bons comportements.
- **Patience:** Soyez patient avec votre Chihuahua. Il est important de se rappeler qu'il est un petit chien avec ses propres besoins et sa propre personnalité.

Le Chihuahua est un chien adorable et affectueux, mais il peut également avoir certains aspects négatifs de sa personnalité. Il est important de connaître ces aspects pour pouvoir les gérer et en faire un chien heureux et bien équilibré.

Comment gérer ses autres comportements indésirables ?

Voici quelques exemples de comportements indésirables de chien et de ce que vous pouvez faire pour y faire face :

S'il aboie excessivement. Voici comment faire face à ce comportement :

1. **Identifiez la cause de l'aboiement :** Il est primordial de déterminer pourquoi votre chien aboie afin de trouver une solution. Est-ce qu'il aboie pour attirer votre attention ? Est-ce qu'il aboie parce qu'il a peur ou qu'il est anxieux ? Est-ce qu'il aboie parce qu'il s'ennuie ? Une fois que vous avez identifié la cause de l'aboiement, vous pouvez trouver une solution qui convient à votre chien.
2. **Utilisez des récompenses pour renforcer le comportement positif :** Vous pouvez utiliser des récompenses, comme des friandises ou des félicitations, pour renforcer le comportement positif de votre chien et l'encourager à ne pas aboyer.
3. **Enseignez à votre chien à obéir à la commande "non" :** Enseignez à votre chien à obéir à la commande "non" et utilisez-la chaque fois qu'il aboie de manière indésirable.
4. **Faites en sorte que votre chien reçoive suffisamment d'exercice et de stimulation mentale:** S'il s'ennuie, il peut devenir agité et aboyer de manière indésirable. Faites en sorte qu'il reçoive suffisamment d'exercice et de stimulation mentale pour l'aider à se défouler et à se calmer. Voici quelques exercices de stimulation :
    - **La marche :** La marche est un excellent exercice pour l'aider à se défouler et à se calmer. Vous pouvez marcher avec votre chien dans un parc ou dans un quartier calme pour lui offrir de l'exercice et de la stimulation mentale.
    - **Jeux de pistage :** Les jeux de pistage consistent à suivre une piste olfactive avec votre chien. Cela peut être un excellent moyen de stimuler son esprit et de l'aider à se calmer.
    - **Jeux de recherche de friandises :** Vous pouvez cacher des friandises dans votre maison ou dans votre jardin et laisser votre chien les chercher.
    - **Jeux d'agilité :** Les jeux d'agilité consistent à faire passer votre chien à travers une série d'obstacles, comme des tunnels, des poutres et des barres.
    - **Jeux de réflexion :** Vous pouvez acheter ou fabriquer des jouets qui stimulent l'esprit de votre chien et l'aident à résoudre des énigmes. Par exemple, Vous pouvez utiliser un puzzle pour cacher de la nourriture et laisser votre chien trouver comment l'obtenir. Vous pouvez également utiliser des jouets qui nécessitent que votre chien pousse ou tire pour obtenir de la nourriture.

    Ces types de jeux peuvent être un excellent moyen de stimuler son esprit et de l'aider à se calmer.

S'il présente d'autres comportements indésirables:

1. **Ignorez le comportement indésirable :** S'il a un comportement indésirable pour attirer votre attention, comme grignoter tout ce qu'il trouve, vous pouvez essayer de l'ignorer jusqu'à ce qu'il se calme. Cela signifie ne pas réagir à son comportement en lui donnant de l'attention, de la

nourriture ou un jouet. S'il comprend que ce comportement ne lui apporte pas ce qu'il veut, il est possible qu'il cesse de le faire. Cependant, il ne faut pas ignorer complètement votre chien et de lui donner de l'attention et de l'affection de manière appropriée.

Voici quelques conseils pour gérer les comportements indésirables de votre chien :

- ✔ **Identifiez la cause du comportement :** Avant de pouvoir gérer un comportement indésirable, il faut comprendre pourquoi votre chien agit de cette manière. Est-ce qu'il a besoin de plus d'exercice ou de stimulation mentale ? Est-ce qu'il réagit à un stress ou à une anxiété particulière? Est-ce qu'il essaie de communiquer quelque chose de précis ? En identifiant la cause du comportement, vous pourrez mieux comprendre comment le gérer de manière appropriée.
- ✔ **Utilisez des méthodes d'entraînement positives** : Pour gérer les comportements indésirables de votre chien , il faut utiliser des méthodes d'entraînement positives, qui consistent à récompenser le bon comportement et à ignorer le comportement indésirable. Vous pouvez utiliser des friandises, des caresses ou des mots d'approbation pour le récompenser lorsqu'il se comporte bien, et ignorer ou détourner son attention lorsqu'il agit de manière indésirable.
- ✔ **Donnez-lui suffisamment d'exercice et de stimulation mentale** : Votre chien a besoin de beaucoup d'exercice et de stimulation mentale pour rester heureux et en bonne santé. Si vous ne pouvez pas lui offrir suffisamment de défis intellectuels et de nouvelles expériences, il pourrait devenir destructeur ou agité. Pour l'aider à gérer ses sautes d'humeur et son aboiement excessif, vous pouvez lui offrir des promenades quotidiennes, des jeux et des activités physiques, et lui donner des jouets interactifs et des exercices d'entraînement mental.
- ✔ **Prenez le temps de l'éduquer :** L'éducation est essentielle pour aider votre chien à apprendre les règles de votre foyer et à se comporter de manière appropriée. Prenez le temps de lui apprendre les ordres de base, tels que "assis", "coucher" et "reste", et de lui montrer comment se comporter en société. Vous pouvez également lui apprendre à respecter les limites de son territoire et à ne pas sauter sur les gens ou à les mordre.
- ✔ **Prenez soin de votre chien :** Votre chien a besoin de soins de qualité pour être en bonne santé et heureux. Assurez-vous de lui donner une alimentation équilibrée et de lui prodiguer les soins de toilettage et de santé nécessaires. S'il est stressé ou anxieux, vous pouvez également lui offrir des méthodes de relaxation, comme la musique apaisante ou les massages, pour l'aider à se détendre.
- ✔ **Soyez consistent dans votre éducation :** vous devez être consistant dans votre éducation et de ne pas céder aux caprices de votre chien. Si vous permettez à votre chien de faire quelque chose une fois, il essaiera de le faire à chaque fois qu'il le pourra. En étant consistant dans votre éducation, vous lui montrez ce qui est acceptable et ce qui ne l'est pas.
- ✔ **Soyez patient et persévérant :** La patience et la persévérance sont des qualités essentielles pour réussir l'éducation et l'entraînement de votre chien. Les changements de comportement ne se produisent pas du jour au lendemain, il faut du temps et de la patience pour que votre chien assimile les nouvelles règles et habitudes. Soyez patient avec votre chien, récompensez-le lorsqu'il fait les choses correctement, et ne vous découragez pas face aux éventuels revers.

Restez persévérant dans vos efforts pour aider votre chien à devenir un compagnon heureux et bien équilibré.

Vous pouvez appliquer les mêmes étapes pour canaliser d'autres comportements indésirables de votre chien:
- **Saute sur les gens :** S'il saute sur les gens lorsqu'il est excité, vous pouvez lui apprendre à obéir à la commande "assis" et à attendre qu'on lui donne la permission de saluer les gens. Vous pouvez également lui apprendre à obéir à la commande "pied" pour l'empêcher de sauter sur les gens.
- **Grignote tout ce qu'il trouve :** S'il a tendance à grignoter tout ce qu'il trouve, vous pouvez lui apprendre à obéir à la commande "laisse" et à ne pas toucher aux objets qui ne lui sont pas destinés. Vous pouvez également lui offrir des jouets et des os à mâcher pour lui donner une activité appropriée.
- **Aboie en laisse :** S'il aboie en laisse lorsqu'il voit d'autres chiens ou des étrangers, vous pouvez lui apprendre à obéir à la commande "assez" pour lui faire comprendre que cet aboiement n'est pas acceptable. Vous pouvez également lui offrir des friandises et des félicitations lorsqu'il se tient calme en laisse pour le renforcer dans ce comportement.

En résumé, pour gérer les comportements indésirables de votre chien, vous devez comprendre la cause du comportement, utiliser des méthodes d'entraînement positives, lui offrir suffisamment d'exercice et de stimulation mentale, prendre le temps de l'éduquer, prendre soin de lui, être consistent dans votre éducation, être patient et persévérant, être attentif à son comportement et consulter un professionnel si nécessaire.

Adoption d'un Chihuahua.

Adopter un animal de compagnie est une décision importante qui doit être bien réfléchie, surtout si vous envisagez d'adopter un chien Chihuahua. Voici quelques étapes à suivre pour vous assurer de faire le meilleur choix pour vous et pour votre nouveau compagnon :

- **Réfléchissez à vos motivations et à votre mode de vie :** Avant de décider d'adopter un Chihuahua, prenez le temps de réfléchir à vos motivations et à votre mode de vie. Les Chihuahuas sont des chiens intelligents, actifs et pleins d'énergie qui nécessitent une attention et un engagement constants. Assurez-vous que votre mode de vie peut répondre à leurs besoins en temps et en interaction.
- **Apprenez à connaître la race :** Informez-vous sur les particularités du Chihuahua, ses besoins et ses comportements typiques. Comprenez bien ce que cela implique d'accueillir ce chien dans votre vie et si vous êtes prêt à lui offrir ce dont il a besoin.
- **Trouvez un éleveur ou un refuge fiable :** Recherchez un éleveur réputé ou un refuge de confiance pour adopter votre Chihuahua. Faites des recherches approfondies, visitez les installations et assurez-vous que les chiens sont bien traités et en bonne santé.
- **Vérifiez l'état de santé de l'animal :** Assurez-vous que le chiot a reçu les vaccinations et les soins nécessaires. Si vous adoptez un adulte, demandez des certificats de santé et de vaccination. Vérifiez également que l'animal est en forme et ne montre aucun signe de maladie.
- **Faites un essai de cohabitation :** Avant de prendre la décision finale d'adopter un Chihuahua, il est recommandé de faire un essai de cohabitation. Cela vous permettra de voir comment le chien s'adapte à votre foyer et à votre mode de vie. Si vous adoptez un Chihuahua dans un refuge, vous pouvez souvent emmener le chien chez vous pour quelques jours avant de prendre votre décision définitive.
- **Préparez votre maison et votre jardin :** Avant l'arrivée de votre Chihuahua, assurez-vous que votre maison est sûre pour lui. Éliminez tout ce qui pourrait être dangereux pour le chien, et assurez-vous que votre jardin est bien clôturé et sécurisé.
- **Demandez conseil à un vétérinaire ou à un éducateur canin :** Consultez un professionnel pour obtenir des conseils sur les soins, l'éducation et le comportement du Chihuahua. Ils peuvent vous aider à résoudre les problèmes qui pourraient surgir.
- **Prévoyez un budget :** N'oubliez pas de prévoir un budget pour les frais liés à l'adoption d'un chien. Adopter un chien implique des frais à prévoir, tels que les frais vétérinaires, les frais d'alimentation et les frais d'entretien. Il faut savoir à quoi vous attendre et prévoir un budget en conséquence. Par exemple, il faudra prévoir une visite chez le vétérinaire pour faire vacciner et vermifuger votre chien, ainsi que pour régulièrement lui faire des contrôles de santé. Il faudra également acheter de la nourriture et des accessoires pour lui (gamelle, coussin, etc.). Enfin, il faudra prévoir un budget pour les soins de toilettage et de grooming de votre chien, s'il en a besoin.
- **Comprenez que l'adoption d'un chien est un engagement à long terme :** Il faut comprendre que l'adoption d'un chien est un engagement à long terme. Un Chihuahua peut vivre jusqu'à 10 à 14 ans, voire plus, et vous devez vous assurer que vous êtes prêt à prendre soin de lui pendant toute cette période. Avant d'adopter un Chihuahua, il est important de bien réfléchir à votre décision et de vous assurer que vous avez tout ce qu'il faut pour prendre soin de lui de manière adéquate.

En suivant ces étapes, vous serez mieux préparé à accueillir un Chihuahua dans votre vie et à lui offrir un foyer aimant et adapté à ses besoins spécifiques. Si vous avez des doutes, n'hésitez pas à obtenir des conseils auprès de professionnels ou de propriétaires expérimentés de cette race.

Les questions à se poser avant d'adopter !

Avant d'adopter un Chihuahua, il est important de se poser plusieurs questions pour s'assurer que cette race de chien convient à votre style de vie et à vos capacités à prendre soin de lui. Voici quelques questions à considérer :

1. **Est-ce que j'ai le temps nécessaire pour m'occuper d'un Chihuahua ?** Les Chihuahuas nécessitent de l'attention, de l'exercice et une socialisation régulière. Assurez-vous d'avoir suffisamment de temps à consacrer à votre chien.
2. **Est-ce que je peux m'engager à prendre soin d'un Chihuahua pour toute sa vie ?** Les Chihuahuas peuvent vivre jusqu'à 15 ans ou plus, donc adopter un Chihuahua est un engagement à long terme.
3. **Est-ce que je suis prêt à assumer les frais liés à la santé et à l'entretien d'un Chihuahua ?** Les frais vétérinaires, la nourriture de qualité, les jouets et les accessoires peuvent représenter un coût significatif.
4. **Est-ce que je suis prêt à socialiser et à éduquer mon Chihuahua correctement ?** La socialisation précoce et une éducation positive sont essentielles pour éviter les problèmes de comportement.
5. **Est-ce que je vis dans un environnement adapté à un Chihuahua ?** Les Chihuahuas peuvent s'adapter à divers environnements, mais ils ont besoin d'espace pour jouer et de sécurité.
6. **Est-ce que je suis prêt à gérer les caractéristiques spécifiques de la race, comme les aboiements fréquents ou la sensibilité ?** Les Chihuahuas ont des traits de personnalité distincts qui peuvent nécessiter une approche particulière.

En répondant honnêtement à ces questions, vous pourrez déterminer si l'adoption d'un Chihuahua est la bonne décision pour vous et si vous êtes prêt à offrir à ce petit chien une vie heureuse et épanouie.

Est-ce la race de chien qui vous convient ?

Avant d'adopter un Chihuahua, il est important de bien réfléchir si cette race correspond à votre mode de vie et à vos attentes. Voici quelques éléments à prendre en compte pour savoir si le Chihuahua est le chien qui vous convient :

Votre mode de vie:
- **Disponibilité:** Le Chihuahua a besoin d'exercices quotidiens et de beaucoup d'attention. Avez-vous suffisamment de temps pour lui consacrer ?
- **Espace:** Le Chihuahua est une race de petite taille, mais il a tout de même besoin d'un espace suffisant pour se sentir à l'aise. Avez-vous assez d'espace pour lui ?

- **Coût:** Les frais d'alimentation, de toilettage, de soins vétérinaires et d'assurance peuvent être importants pour un chien. Êtes-vous prêt à assumer ces frais ?

Votre personnalité:
- **Patience:** Le Chihuahua peut être têtu et aboyeur. Êtes-vous patient et capable de gérer ces aspects de sa personnalité ?
- **Activité:** Le Chihuahua est un chien actif qui aime jouer et se promener. Êtes-vous une personne active qui aime passer du temps à l'extérieur ?
- **Affection:** Le Chihuahua est un chien affectueux qui aime être proche de son maître. Êtes-vous prêt à lui donner beaucoup d'amour et d'attention ?

En plus de ces éléments, il est également important de :
- Rencontrer des Chihuahuas pour vous faire une idée de leur caractère et de leur comportement.
- Discuter avec des propriétaires de Chihuahuas pour obtenir leurs conseils et leurs témoignages.
- Faire des recherches approfondies sur la race pour en apprendre le plus possible.

En conclusion, le Chihuahua peut être un excellent chien pour many personnes, mais il est important de s'assurer qu'il correspond à votre mode de vie et à votre personnalité avant de l'adopter.

Comment choisir un éleveur responsable ?

Voici quelques conseils pour choisir un éleveur responsable et pour acheter un Chihuahua en toute sécurité :

- **Faites vos recherches :** recherchez des éleveurs de Chihuahuas recommandés par des vétérinaires, des spécialistes canins ou des organisations de protection animale. Consultez les avis et les témoignages d'autres propriétaires de cette race de chien ayant adopté chez cet éleveur.
- **Exigez de voir les certificats de santé des parents de la portée :** un éleveur responsable veille à ce que les parents de la portée aient été testés pour les maladies héréditaires courantes chez les Chihuahua. Il ne fait reproduire que des chiens en bonne santé.
- **Visitez l'élevage :** demandez à visiter l'endroit où les chiens sont élevés et soignés. Assurez-vous que les Chihuahuas paraissent en bonne santé, bien nourris et bien entretenus. Vérifiez qu'ils disposent d'assez d'espace pour se déplacer et jouer.
- **Posez de nombreuses questions :** interrogez l'éleveur sur ses méthodes d'élevage et de dressage, comment il sélectionne les reproducteurs, comment il gère les problèmes de santé et de comportement, etc. Un éleveur responsable devrait être ouvert, transparent et prêt à répondre à toutes vos questions de manière satisfaisante.
- **Exigez un contrat d'adoption :** un éleveur responsable vous fournira un contrat d'adoption détaillant les conditions de l'adoption et les garanties de santé pour votre Chihuahua. Assurez-vous de bien lire ce contrat avant de signer quoi que ce soit.
- **Évitez les éleveurs qui cachent les conditions d'élevage ou vous poussent à adopter :** un éleveur responsable sera heureux de vous faire visiter l'élevage et de répondre à toutes vos

questions. Il ne devrait jamais vous forcer à adopter un chien avant que vous ne soyez prêt. Si un éleveur refuse de vous montrer les conditions d'élevage ou essaie de vous presser, cherchez ailleurs.

- **Méfiez-vous des éleveurs qui vendent des chiots trop jeunes** : les chiots ne devraient pas être séparés de leur mère et de leur portée avant l'âge de 8 semaines au minimum. Un éleveur responsable respecte cette règle. Si un éleveur essaie de vous vendre un chiot plus jeune, cela peut indiquer qu'il ne prend pas réellement le bien-être de ses chiens à cœur.
- **Fuyez les éleveurs qui ne s'intéressent pas à votre mode de vie et à vos intentions d'adoption** : un éleveur responsable s'assurera que vous êtes un propriétaire adéquat et que vous êtes prêt à assumer toutes les responsabilités liées à l'adoption. Si un éleveur ne pose pas de questions ou semble désintéressé par votre mode de vie, cela peut signifier qu'il se préoccupe plus de l'argent que de trouver un bon foyer pour ses chiots.
- **Évitez les éleveurs qui ne vous offrent pas de soutien après l'adoption** : un éleveur responsable devrait être disponible pour répondre à vos questions et vous offrir du soutien après l'adoption de votre chien. Si un éleveur ne propose pas ce type de suivi, cela peut indiquer qu'il ne se soucie pas vraiment du bien-être de ses chiots une fois qu'ils sont adoptés.

En suivant ces conseils, vous devriez être en mesure de trouver un éleveur responsable qui vous fournira un chien en bonne santé et bien équilibré, et qui sera disponible pour vous soutenir et vous conseiller après l'adoption. Gardez à l'esprit que l'adoption d'un chien est un engagement à long terme, donc prenez le temps de bien réfléchir à votre décision et de trouver l'éleveur qui convient le mieux à votre situation.

Test de sociabilité avant l'achat: évitez les mauvaises surprises.

Comment choisir un éleveur responsable pour un Chihuahua ? Voici quelques conseils pour sélectionner un éleveur de confiance et acquérir votre chien en toute sécurité :

- **Testez la sociabilité avant l'adoption :** Évaluez comment le chien réagit en présence de personnes et d'autres chiens. Observez s'il se montre curieux et sociable, ou s'il est plutôt craintif et réservé. Un chien curieux et sociable sera plus facile à socialiser et à entraîner. Pour effectuer ce test, observez comment le chien réagit lorsque vous l'approchez, lui parlez, ou lorsqu'il est en contact avec d'autres personnes et d'autres chiens. La curiosité et la sociabilité sont des signes positifs, tandis que la peur et la réserve peuvent nécessiter davantage de socialisation.

- **Observez la réaction aux stimuli externes :** Vérifiez comment le chien réagit face à des bruits forts, des mouvements brusques ou des objets inconnus. Un chien calme et peu perturbé par ces stimuli sera plus facile à entraîner et à socialiser. Pour ce test, exposez le chien à divers stimuli tels que des bruits forts (par exemple, en frappant des mains ou en tapant sur un objet métallique), des mouvements brusques (comme agiter une bouteille ou un sac en papier) ou des objets inconnus (par exemple, en lui montrant un jouet ou un objet inédit). La réaction calme et la facilité à se distraire en présence de ces stimuli sont de bons signes, tandis qu'une réaction anxieuse ou agressive peut indiquer un besoin supplémentaire de socialisation et d'entraînement.

- **Réaction aux ordres de base :** Observez comment le chien réagit aux ordres de base tels que "assis", "couché" et "donne la patte". Un chien qui obéit rapidement et facilement à ces ordres sera plus facile à entraîner et à socialiser. Testez le chien en utilisant les ordres de base que vous connaissez, et vérifiez s'il les exécute rapidement et aisément. Une obéissance rapide est un signe positif, alors que des difficultés à obéir ou à comprendre les ordres peuvent indiquer un besoin de formation et de socialisation supplémentaires.

- **Test d'obéissance en présence de distractions :** Observez comment le chien réagit aux ordres de base lorsque des distractions sont présentes. Un chien qui reste concentré et obéit aux ordres même en présence de distractions sera plus facile à entraîner et à socialiser. Pour ce test, introduisez des distractions telles que des bruits forts, des mouvements brusques ou des objets inconnus tout en donnant des ordres de base au chien. Une capacité à rester concentré et à obéir malgré les distractions est un bon signe, tandis qu'une difficulté à se concentrer ou à obéir face à des distractions peut nécessiter davantage de formation et de socialisation.

- **Évaluation de l'agressivité :** Observez comment le chien réagit face à des situations stressantes ou menaçantes. Un chien qui reste calme et non agressif sera plus facile à entraîner et à socialiser. Pour ce test, exposez le chien à des situations stressantes ou menaçantes telles que des bruits forts, des mouvements brusques ou des objets inconnus, et observez sa réaction. Une réaction calme et non agressive est positive, tandis qu'une réaction agressive peut indiquer un besoin de socialisation et d'entraînement supplémentaires pour apprendre à gérer le stress et la frustration de manière appropriée.

- **Test de la séparation :** Observez comment le chien réagit lorsqu'il est séparé de ses propriétaires ou de ses congénères. Un chien qui réagit de manière calme et non anxieuse lors de la séparation sera plus facile à socialiser et à entraîner. Pour ce test, laissez le chien seul pendant une période de temps limitée et observez sa réaction. Un comportement calme et non anxieux est un signe positif, tandis que des signes d'anxiété ou de stress lors de la séparation peuvent indiquer un besoin de formation et de socialisation supplémentaires pour apprendre à gérer cette situation de manière appropriée.

Ce sont là quelques exemples de tests de sociabilité que vous pourriez utiliser pour évaluer un Chihuahua avant de l'adopter. Souvenez-vous que chaque chien est unique, et qu'il est important de prendre en compte tous les facteurs lors de votre décision d'adoption.

La trousse à outils du bon propriétaire de chien.

Il existe de nombreux équipements pour chiens disponibles sur le marché, chacun conçu pour répondre à des besoins spécifiques ou améliorer la vie de votre chien de différentes manières. Voici quelques équipements courants pour chiens et des conseils pour savoir si vous devriez ou non en acheter un :

1. **La laisse :** une laisse est essentielle pour tous les chiens qui ne sont pas entièrement formés à la marche en laisse sans tirer. Il existe plusieurs types de laisses, notamment les laisses régulières, les laisses à enrouleur et les laisses flexibles. Choisissez une laisse qui convient à la taille et à la force de votre animal, et qui est confortable pour vous à tenir.
2. **Harnais :** un harnais peut être une option plus confortable pour votre chien que de marcher avec une laisse attachée à son collier. Les harnais distribuent la force de la traction de manière plus équitable sur son corps, ce qui peut être moins stressant pour sa colonne vertébrale et sa trachée, surtout si votre ami est grand et fort. Cependant, il est important de choisir un harnais qui est bien ajusté pour éviter tout mouvement excessif ou inconfortable et qui soit suffisamment résistant pour résister à la force de traction de votre chien. Il est également important de ne pas utiliser un harnais en permanence, car cela peut causer des frottements et des irritations à la peau de votre chien .
3. **Collier et muselière :** un collier peut être utile pour attacher une laisse et afficher les informations de contact de votre animal, comme son nom et votre numéro de téléphone. Il faut choisir un collier adapté à la taille et à la force de votre chien et de veiller à ce qu'il ne soit ni trop serré ni trop lâche. Une muselière peut être nécessaire, surtout s'il a tendance à mordre ou à grogner. Il est important de choisir une muselière bien ajustée pour éviter qu'elle ne glisse ou ne serre trop. Cependant, il ne faut pas laisser une muselière sur votre chien pendant de longues périodes de temps, car cela peut l'empêcher de respirer et de boire normalement.
4. **Panier/coussin :**
    - **Panier :** plus robuste et facile à nettoyer, peut être utilisé à l'extérieur.
    - **Inconvénient :** peut être moins confortable pour certains chiens.
    - **Coussin :** plus confortable pour le chien, peut être utilisé à l'intérieur ou à l'extérieur.
    - **Inconvénient :** peut être moins robuste et plus difficile à nettoyer.
5. **Tapis de couchage :** un tapis de couchage peut être un endroit confortable pour votre chien de se reposer et de se détendre, en particulier s'il a tendance à être anxieux ou à avoir besoin de se sentir en sécurité. Assurez-vous de choisir un tapis de couchage qui est de la bonne taille pour lui et qui est fabriqué avec des matériaux confortables et durables.
6. **Tapis de propreté/bac à litière :**

- ➢ **Tapis de propreté** : peut être utilisé à l'intérieur ou à l'extérieur, facile à nettoyer.
- ➢ **Inconvénient** : peut être coûteux et doit être remplacé régulièrement.
- ➢ **Bac à litière** : peut être utilisé à l'intérieur, facile à nettoyer.
- ➢ **Inconvénient** : peut être coûteux et doit être remplacé régulièrement.

7. **Coussin/tapis pour la voiture :**
   - ➢ **Coussin** : plus confortable pour le chien, peut être utilisé à l'intérieur ou à l'extérieur de la voiture.
   - ➢ **Inconvénient** : peut être moins robuste et plus difficile à nettoyer.
   - ➢ **Tapis** : plus robuste et facile à nettoyer, peut être coupé pour s'adapter à la taille de votre voiture.
   - ➢ **Inconvénient** : peut être moins confortable pour le chien.

8. **Jouets** : les jouets peuvent être un excellent moyen de stimuler mentalement et physiquement votre chien, en particulier s'il passe beaucoup de temps seul à la maison. Choisissez des jouets adaptés à la taille et aux capacités de votre chien, et qui sont fabriqués avec des matériaux sûrs et durables. Évitez les jouets qui peuvent être facilement détruits. Si votre chien a une petite race ou une couche de poils plus fine, il peut être utile d'investir dans des vêtements de pluie ou de froid pour le protéger contre les intempéries. Assurez-vous de choisir des vêtements qui sont bien ajustés et confortables pour lui, et qui lui permettent de bouger librement.

9. **Les Gamelles :**
   - ➢ **Gamelles en acier inoxydable** : durables et faciles à nettoyer, ne réagissent pas aux aliments ou aux boissons acides.
   - ➢ **Son inconvénient** : peuvent être coûteuses et peuvent être bruyantes lorsque le chien mange ou boit.
   - ➢ **Gamelles en plastique** : légères et peu coûteuses, disponibles dans de nombreuses couleurs et tailles.
   - ➢ **Inconvénient** : peuvent être moins durables et peuvent réagir aux aliments ou aux boissons acides.

10. **Sac à dos pour chien** : si vous aimez emmener votre chien en randonnée ou en voyage, un sac à dos pour chien peut être très pratique. Il existe plusieurs modèles disponibles, certains conçus pour transporter de l'eau et de la nourriture, d'autres conçus pour transporter des objets de première nécessité comme une trousse de secours. Assurez-vous de choisir un sac à dos qui est de la bonne taille pour lui et qui est confortable pour lui de porter.

Les Chihuahuas sont tendance à être plus actifs et ont besoin de plus d'exercice, il vous faut donc choisir des équipements qui peuvent résister à leur énergie et leur force physique. De plus, les Chihuahuas sont souvent des problèmes de hanche, il est donc important de choisir un harnais qui soutient leur corps sans exercer une pression excessive sur leurs hanches. Il est toujours recommandé de consulter un vétérinaire ou un expert en élevage de chiens pour obtenir des conseils spécifiques à la race avant de faire des achats pour votre chien.

Il y a bien sûr de nombreux autres équipements pour chiens disponibles sur le marché, mais ceux-ci sont quelques-uns des plus courants. En fin de compte, la décision d'acheter ou non un équipement pour votre chien dépend de vos besoins individuels et de ceux de votre chien. Prenez le temps de réfléchir à ce qui vous convient le mieux avant de prendre une décision d'achat.

Comment accueillir son chien ?

L'arrivée d'un nouveau chien dans la famille est un moment passionnant, mais il peut également être source de stress pour l'animal, qui se retrouve dans un nouvel environnement et doit s'adapter à de nouvelles personnes et à de nouvelles habitudes. Pour lui offrir le meilleur départ possible dans sa nouvelle vie avec vous, vous devez lui accorder toute votre attention et de lui créer un environnement confortable et sécurisant. Voici quelques conseils pour structurer son accueil et son éducation, et lui offrir une vie heureuse et épanouie auprès de vous :

- **Soyez patient et calme :** lorsque vous allez chercher votre ami chez l'éleveur ou lorsque vous l'accueillez chez vous, il peut être stressé et nerveux. Il faut lui laisser le temps de s'adapter à son nouvel environnement et de se sentir en sécurité avec vous. Évitez de le surcharger de caresses et de câlins immédiatement, laissez-lui plutôt le temps de se repérer et de s'habituer à vous.
- **Créez un espace confortable pour lui :** avant même de ramener votre Chihuahua à la maison, préparez-lui un endroit où il pourra se reposer et se mettre à l'abri. Mettez une litière à sa disposition, une gamelle d'eau et une gamelle de nourriture. Vous pouvez également ajouter un coussin ou une couverture confortable pour qu'il puisse se détendre.
- **Faites-lui faire le tour de la maison et du jardin :** une fois qu'il est installé dans son espace, emmenez-le faire le tour de la maison et du jardin. Montrez-lui où se trouvent les portes et les fenêtres, les toilettes, et les autres pièces de la maison. Cela lui permettra de mieux comprendre son environnement et de se repérer.
- **Prenez le temps de jouer avec lui et de le récompenser :** le jeu est un moyen très efficace de renforcer les liens affectifs entre vous et votre Chihuahua . Prenez le temps de jouer avec lui et de lui donner des friandises pour le récompenser lorsqu'il fait quelque chose de bien. Cela l'aidera à comprendre ce que vous attendez de lui et à se sentir aimé et apprécié.

En suivant ces étapes, vous devriez être en mesure de créer un environnement accueillant et confortable pour votre nouveau compagnon à quatre pattes, qui lui permettra de se sentir en sécurité et d'apprendre à vous connaître.

Comment l'éduquer étape par étape ?

Comme tous les chiens, les Chihuahuas peuvent présenter des défis d'éducation et il est primordial de prendre le temps de comprendre leur personnalité et leurs besoins pour pouvoir les éduquer de manière efficace. L'éducation d'un chien peut être un défi, mais c'est aussi une expérience très gratifiante pour les propriétaires et les chiens. En suivant quelques étapes simples et en étant patient et persévérant, vous pouvez aider votre chien à devenir un chien bien élevé et heureux. Un des éléments clés de l'éducation d'un chien est de le faire de manière positive et bienveillante. Les chiens réagissent mieux à une éducation positive, qui utilise des mots de félicitation et des friandises pour récompenser les bons comportements, plutôt qu'à des méthodes négatives ou punitives. En étant positif et encourageant avec votre chien, vous pouvez renforcer votre relation avec lui et l'aider à devenir un chien confiant et bien équilibré.

Alors si vous venez d'adopter cette race de chien et vous êtes déterminé à lui donner le meilleur départ possible en l'éduquant de manière efficace. Mais vous ne savez pas comment faire ? Les meilleures méthodes pour l'éduquer? Quels conseils devriez-vous suivre pour réussir ? Si vous vous posez toutes ces questions, vous êtes au bon endroit! Dans cette partie de livre, je vais vous donner des conseils détaillés sur comment éduquer votre chien étape par étape, avec des exemples concrets et des astuces pour vous aider à réussir. Alors, prêt à devenir un maître éducateur pour votre nouvel ami? Allons-y !

Voici quelques conseils pour vous aider à démarrer l'éducation de votre chien :

On commence par vous apprendre certaines règles que vous devez respecter avant d'attaquer l'éducation de votre chien :

✔ Fixez des limites claires :

Vous devez fixer des limites claires pour votre chien et de les maintenir de manière cohérente. Cela signifie que vous devez être ferme et déterminé lorsque vous donnez un ordre, mais également que vous devez être juste et équitable dans votre façon de traiter votre chien.

Exemple : définissez des règles claires pour votre chien, comme ***"ne saute pas sur les gens" ou "ne mâche pas les chaussures"***.

Voici comment faire : étape par étape :

1. Décidez des règles qui conviendront le mieux à votre chien et à votre mode de vie.
2. Communiquez clairement ces règles à votre chien en utilisant des mots simples et en répétant souvent les ordres.
3. Faites respecter ces règles de manière cohérente en utilisant un ton ferme et en corrigeant votre chien lorsqu'il ne respecte pas les règles.
4. Récompensez votre chien lorsque que vous remarquez qu'il respecte les règles pour l'encourager à continuer de se comporter de manière souhaitable.

Que faire si le chien refuse : Si votre chien refuse de respecter les règles, vous pouvez utiliser une correction négative (comme un "non" ferme ou une pression sur la laisse) pour lui signaler qu'il se comporte de manière indésirable. Suivez cette correction d'un renforcement positif (comme une friandise ou des louanges) lorsque votre chien se comporte de manière souhaitable pour l'encourager à continuer de se comporter de cette manière.

✔ Utilisez des récompenses :

Utiliser des récompenses (comme des friandises ou des louanges) peut être un moyen efficace d'encourager votre chien à apprendre de nouvelles choses et à obéir aux ordres. Cependant, il ne faut pas sur-récompenser votre chien, car cela pourrait le rendre trop dépendant et le rendre moins enclin à obéir sans récompense.

Exemple : récompensez votre chien avec une friandise lorsqu'il obéit à un ordre comme "assis" ou "coucher".

Voici comment faire : étape par étape :

- Décidez des récompenses qui conviendront le mieux à votre chien (par exemple, des friandises ou des jouets).
- Donnez à votre chien l'ordre de faire quelque chose de manière claire et concise (par exemple, "coucher").
- Lorsque votre chien obéit à l'ordre, récompensez-le immédiatement avec la friandise ou le jouet.

Que faire si le chien refuse : Si votre chien refuse de répondre à un ordre ou de réaliser une tâche, vous pouvez essayer de vous assurer qu'il comprend bien ce que vous lui demandez, de vérifier s'il est distrait ou s'il a besoin de faire une pause, de modifiez la récompense, d'augmenter progressivement la difficulté de la tâche. En utilisant ces stratégies, vous pourrez peut-être comprendre pourquoi votre chien refuse de répondre et trouver des solutions pour y remédier.

✅ Soyez patient :

L'éducation d'un chien peut prendre du temps et de la patience, alors ne soyez pas frustré si votre chien ne comprend pas immédiatement ce que vous voulez qu'il fasse. Soyez patient et répétez les ordres de manière cohérente jusqu'à ce que votre chien les comprenne.

Exemple : lorsque vous enseignez à votre chien un nouvel ordre, répétez-le de manière cohérente et patiente jusqu'à ce qu'il comprenne ce que vous voulez qu'il fasse.

Étape par étape :

1. Choisissez un ordre simple et facile à enseigner (par exemple, "assis").
2. Donnez l'ordre de manière claire et concise (par exemple, "assis").
3. Attendez que votre chien réagisse à l'ordre. S'il ne réagit pas, répétez l'ordre jusqu'à ce qu'il réagisse.
4. Lorsque votre chien réagit à l'ordre, récompensez-le pour l'encourager à continuer de se comporter de cette manière.
5. Répétez cet exercice de manière régulière jusqu'à ce que votre chien comprenne l'ordre et soit capable de l'exécuter sur demande.

Que faire si le chien refuse : il peut être utile de lui montrer ce que vous voulez qu'il fasse en utilisant un mouvement ou un geste. Vous pouvez également essayer de récompenser votre chien pour tout comportement proche de ce que vous voulez qu'il fasse, puis renforcer de manière progressive les exigences jusqu'à ce qu'il comprenne l'ordre complet.

✅ Soyez cohérent :

Il est important d'être cohérent dans votre façon de traiter votre chien et de donner des ordres. Si vous changez constamment vos attentes ou vos méthodes d'éducation, votre chien sera confus et aura du mal à apprendre.

Exemple : maintenez de manière cohérente les limites et les règles que vous avez fixées pour votre chien, et donnez les mêmes ordres de manière cohérente chaque fois que vous voulez qu'il fasse quelque chose.

Étape par étape :

1. Décidez des limites et des règles qui conviendront le mieux à votre chien et à votre mode de vie.

2. Communiquez clairement ces limites et règles à votre chien en utilisant des mots simples et en répétant souvent les ordres.
3. Faites respecter ces limites et règles de manière cohérente en utilisant un ton ferme et en corrigeant votre chien lorsqu'il ne les respecte pas.
4. Donnez les mêmes ordres de manière cohérente chaque fois que vous voulez que votre chien fasse quelque chose. Par exemple, utilisez toujours le même mot pour lui demander de s'asseoir (comme "assis") et donnez l'ordre de la même manière chaque fois.

Que faire si le chien refuse : si votre chien refuse de respecter les limites ou les règles que vous avez fixées, vous pouvez utiliser une correction négative (comme un "non" ferme ou une pression sur la laisse) pour lui signaler qu'il se comporte de manière indésirable. Suivez cette correction d'un renforcement positif (comme une friandise ou des louanges) lorsque votre chien se comporte de manière souhaitable pour l'encourager à continuer de se comporter de cette manière.

● Faites preuve de leadership :

Il est important de montrer à votre chien que vous êtes le leader de la meute en étant ferme et déterminé lorsque vous donnez des ordres. Cela signifie que vous devez être en charge de la nourriture, des promenades et des décisions importantes concernant le comportement de votre chien.

Exemple : montrez à votre chien que vous êtes le leader de la meute en prenant les décisions pour lui et en étant ferme dans vos ordres.

Étape par étape :
- Prenez les décisions pour votre chien, comme décider quand et où il mange, dort et joue.
- Donnez des ordres clairs et concis à votre chien et attendez qu'il les exécute avant de lui donner sa récompense.
- Faites preuve de fermeté dans vos ordres et utilisez une correction négative (comme un "non" ferme ou une pression sur la laisse) lorsque votre chien ne les respecte pas.
- Montrez à votre chien que vous êtes le leader de la meute en vous comportant de manière calme et confiante et en récompensant votre chien lorsqu'il se comporte de manière souhaitable.

Que faire si le chien refuse : si votre chien refuse de suivre vos ordres ou de reconnaître votre leadership, il peut être utile de lui montrer ce que vous voulez qu'il fasse en utilisant un mouvement ou un geste. Vous pouvez également essayer de renforcer de manière progressive les exigences jusqu'à ce qu'il comprenne l'ordre complet.

● Faites preuve de bienveillance :

Tout en étant ferme et déterminé, il est important de traiter votre chien avec bienveillance et de lui montrer de l'affection. Cela renforcera votre relation avec lui et l'aidera à se sentir en sécurité et aimé.

Exemple : montrez à votre chien que vous l'aimez et que vous prenez soin de lui en le caressant, en lui parlant gentiment et en lui offrant de la nourriture de qualité.

Étape par étape :
- Prenez le temps de caresser et de jouer avec votre chien chaque jour.
- Parlez à votre chien d'une voix douce et encourageante lorsque vous êtes ensemble.

- Offrez à votre chien de la nourriture de qualité pour prendre soin de sa santé.
- Montrez à votre chien que vous l'aimez en lui donnant de l'attention, en le câlinant et en lui faisant des câlins.

Que faire si le chien refuse : si votre chien refuse de recevoir des caresses ou de l'attention, il peut être utile de respecter son besoin d'espace et de lui offrir de l'attention de manière progressive. Vous pouvez également essayer de lui offrir de nouvelles expériences pour renforcer votre lien (par exemple, en l'emmenant en promenade dans un nouveau parc ou en lui offrant de nouveaux jouets).

✅ Faites des exercices de renforcement positif :

Le renforcement positif est une méthode d'éducation qui consiste à récompenser votre chien lorsqu'il se comporte de manière souhaitable. Vous pouvez utiliser des friandises, des louanges ou des jouets pour récompenser votre chien lorsqu'il obéit à un ordre ou lorsqu'il se comporte de manière souhaitable.

Exemple : récompensez votre chien avec une friandise lorsqu'il obéit à un ordre comme "assis" ou "coucher".

Étape par étape :
- Décidez des récompenses qui conviendront le mieux à votre chien (par exemple, des friandises ou des jouets).
- Donnez à votre chien l'ordre de faire quelque chose de manière claire et concise (par exemple, "assis").
- Lorsque votre chien obéit à l'ordre, récompensez-le immédiatement avec la friandise ou le jouet.
- Répétez cet exercice de manière régulière pour renforcer l'association entre l'ordre et la récompense.

Que faire si le chien refuse : si votre chien refuse de réagir à l'ordre, il peut être utile de lui montrer ce que vous voulez qu'il fasse en utilisant un mouvement ou un geste. Vous pouvez également essayer de récompenser votre chien pour tout comportement proche de ce que vous voulez qu'il fasse, puis renforcer de manière progressive les exigences jusqu'à ce qu'il comprenne l'ordre complet.

✅ Faites des exercices de renforcement négatif :

Le renforcement négatif est une méthode d'éducation qui consiste à utiliser une correction (comme un "non" ferme ou une pression sur la laisse) pour signaler à votre chien qu'il se comporte de manière indésirable. Cette méthode doit être utilisée avec précaution et doit être suivie d'un renforcement positif pour que votre chien comprenne ce qu'il doit faire.

Exemple : utilisez un "non" ferme pour signaler à votre chien qu'il se comporte de manière indésirable lorsqu'il saute sur les gens ou mâchouille les chaussures.

Étape par étape :
- Identifiez les comportements indésirables de votre chien (comme sauter sur les gens ou mâchouiller les chaussures).
- Lorsque votre chien présente l'un de ces comportements indésirables, utilisez un "non" ferme pour lui signaler qu'il se comporte de manière indésirable.

- Suivez la correction négative d'un renforcement positif (comme une friandise ou des louanges) lorsque votre chien se comporte de manière souhaitable pour l'encourager à continuer de se comporter de cette manière.
- Répétez cet exercice de manière régulière pour renforcer l'association entre le comportement indésirable et la correction négative, et entre le comportement souhaitable et la récompense.

Que faire si le chien refuse : si votre chien continue de présenter le comportement indésirable malgré la correction négative, il peut être utile de lui montrer ce que vous voulez qu'il fasse en utilisant un mouvement ou un geste. Vous pouvez également essayer de renforcer de manière progressive les exigences jusqu'à ce qu'il comprenne l'ordre complet

✅ Faites des exercices de dressage :

Le dressage est une méthode d'éducation qui consiste à enseigner à votre chien de nouvelles compétences et de nouveaux ordres. Vous pouvez utiliser des friandises, des louanges et des jouets pour encourager votre chien à apprendre de nouvelles choses et à obéir aux ordres.

Exemple : utilisez des exercices de dressage pour enseigner à votre chien de nouvelles compétences et lui apprendre à obéir à des ordres de base comme "assis" ou "coucher".

Étape par étape :

- Choisissez un ordre de base à enseigner à votre chien (comme "assis" ou "coucher").
- Utilisez un mouvement ou un geste pour montrer à votre chien ce que vous voulez qu'il fasse.
- Récompensez votre chien lorsqu'il exécute l'ordre correctement avec une friandise ou des louanges.
- Répétez l'exercice de manière régulière jusqu'à ce que votre chien comprenne l'ordre complet.
- Ajoutez de nouveaux ordres de base au fil du temps pour continuer à stimuler l'esprit de votre chien et à renforcer sa relation avec vous.

Que faire si le chien refuse :

1. Gardez votre calme : Évitez de vous énerver ou de punir votre chien, cela pourrait créer de la confusion ou de la peur.
2. Simplifiez l'exercice : Revenez à des étapes plus simples de l'exercice ou divisez-le en parties plus petites pour faciliter la compréhension de votre chien.
3. Utilisez des incitations : Utilisez des friandises ou des jouets pour encourager votre chien à essayer à nouveau et à réussir l'exercice.
4. Soyez patient : Donnez à votre chien le temps de comprendre ce que vous attendez de lui et répétez l'exercice autant de fois que nécessaire.
5. Réévaluez votre approche : Si votre chien continue de refuser, réfléchissez à une approche différente ou demandez l'aide d'un professionnel en comportement canin.

✅ Faites des exercices de socialisation :

La socialisation est une méthode d'éducation qui consiste à habituer votre chien à différentes personnes, animaux et environnements. Cela peut aider votre chien à être moins anxieux et à mieux s'intégrer dans différentes situations.

Exemple : emmenez votre chien en promenade dans différents endroits et exposez-le à différentes personnes, animaux et environnements pour lui apprendre à se comporter de manière appropriée dans différentes situations.

Étape par étape :
- Emmenez votre chien en promenade dans différents endroits, comme parcs, rues commerçantes, plages, etc.
- Exposez votre chien à différentes personnes, animaux et environnements de manière progressive et contrôlée.
- Utilisez des récompenses et des louanges pour renforcer un comportement approprié de votre chien lorsqu'il est exposé à de nouvelles situations.
- Faites de l'exercice de socialisation de manière régulière pour aider votre chien à s'adapter à de nouvelles situations et à renforcer sa confiance en lui.

Que faire si le chien refuse : si votre chien montre de la crainte ou de l'agression lorsqu'il est exposé à de nouvelles situations, il peut être utile de retirer votre chien de la situation et de lui offrir un espace sécurisant où il peut se calmer. Vous pouvez également essayer de réduire l'intensité de la situation (par exemple, en étant plus loin de l'objet de sa crainte) et de renforcer de manière progressive son comportement approprié lorsqu'il est exposé à de nouvelles situations.

⊘ Enseignez-lui à obéir à des commandes de base :

Exemple : enseignez à votre chien à obéir à des commandes de base comme "assis", "coucher", "reste" et "viens" pour lui apprendre à se comporter de manière appropriée et à vous obéir.

Étape par étape :
1. Choisissez une commande de base à enseigner à votre chien (comme "stoppe" ou "coucher").
2. Utilisez un mouvement ou un geste pour montrer à votre chien ce que vous voulez qu'il fasse.
3. Récompensez votre chien lorsqu'il exécute l'ordre correctement avec une friandise ou des louanges.
4. Répétez l'exercice de manière régulière jusqu'à ce que votre chien comprenne l'ordre complet.
5. Ajoutez de nouvelles commandes de base au fil du temps pour continuer à stimuler l'esprit de votre chien et à renforcer sa relation avec vous.

Que faire si le chien refuse : il peut être utile de lui montrer ce que vous voulez qu'il fasse en utilisant un mouvement ou un geste. Vous pouvez également essayer de renforcer de manière progressive les exigences jusqu'à ce qu'il comprenne l'ordre complet.

⊘ Faites de la marche en laisse un moment agréable pour votre chien :

- Enseignez-lui à marcher à vos côtés sans tirer sur la laisse. S'il tire sur la laisse, arrêtez-vous et attendez qu'il arrête de tirer avant de reprendre la marche.
- Enseignez-lui à s'arrêter lorsque vous le demandez en utilisant le mot de commande "stop". S'il s'arrête lorsque vous le lui demandez, récompensez-le en lui donnant une friandise et en le félicitant.

⊘ Faites de l'exercice physique régulier avec votre chien :

Exemple : promenez votre chien tous les jours pendant au moins 30 minutes pour lui permettre de dépenser son énergie et de renforcer sa condition physique.

Étape par étape :

1. Planifiez des promenades quotidiennes d'au moins 30 minutes pour votre chien.
2. Encouragez votre chien à courir et à jouer pendant la promenade pour lui permettre de dépenser son énergie.
3. Faites varier les parcours de promenade pour stimuler l'esprit de votre chien.
4. Si votre chien a déjà atteint sa condition physique idéale, vous pouvez ajouter des exercices de conditionnement physique supplémentaires comme la course à pied ou le jogging, le canicross (course à pied avec votre chien attaché à vous par une laisse spéciale), le frisbee, le fetch, etc.

Que faire si le chien refuse : Essayez de rendre l'activité plus attrayante en introduisant de nouveaux jouets ou en changeant l'environnement de la promenade. Utilisez des friandises ou des récompenses pour encourager la participation de votre chien. Soyez patient et persévérant, en commençant par de courtes séances et en augmentant progressivement la durée et l'intensité de l'exercice.

⊘ Faites attention à ne pas trop céder aux caprices de votre chien :

Exemple 1: S'il pleurniche pour avoir une friandise, ne lui donnez pas la friandise tant qu'il ne s'est pas calmé et n'a pas obéi à une commande, comme s'asseoir ou rester. S'il s'assoit et attend patiemment, donnez-lui la friandise et félicitez-le pour son bon comportement.

Exemple 2: ne cédez pas aux caprices de votre chien en le nourrissant à des heures irrégulières ou en le laissant dormir sur votre lit, car cela peut le rendre difficile à gérer et lui donner un mauvais comportement.

Étape par étape :

- Créez un horaire régulier pour nourrir votre chien et respectez-le.
- Ne donnez pas à votre chien des aliments ou des friandises en dehors de son horaire de repas.
- Ne laissez pas votre chien dormir sur votre lit ou sur d'autres meubles.
- Encouragez votre chien à adopter des comportements appropriés en lui offrant des récompenses et des louanges.
- Faites attention à ne pas céder aux caprices de votre chien de manière régulière pour l'aider à comprendre qui est le chef de meute et pour éviter qu'il ne développe un mauvais comportement.

Que faire si le chien refuse : Restez ferme et ne cédez pas à ses caprices. Répétez les commandes avec calme et cohérence. Récompensez uniquement les comportements souhaités et ignorez les comportements indésirables. Restez constant dans l'application des règles pour renforcer la discipline et établir des limites claires.

⊘ Soyez patient et persévérant dans l'éducation de votre chien :

- L'éducation d'un chien peut prendre du temps et de la patience. Ne vous attendez pas à ce qu'il maîtrise toutes les commandes en une seule séance d'entraînement.
- Soyez persévérant et répétez les exercices chaque jour jusqu'à ce qu'il les maîtrise.

- Ne vous mettez pas en colère S'il ne comprend pas tout de suite ce que vous lui demandez. Soyez patient et continuez à lui montrer comment faire. Car cela vous aidera à renforcer votre relation avec votre chien et à lui enseigner les comportements appropriés.

Exemple 1 : S'il a du mal à comprendre la commande "viens", ne vous mettez pas en colère et ne criez pas après lui. Au lieu de cela, utilisez une friandise pour l'attirer vers vous et répétez la commande "viens" chaque fois que vous le faites venir vers vous. Récompensez-le et félicitez-le chaque fois qu'il vient vers vous et répétez l'exercice chaque jour jusqu'à ce qu'il comprenne la commande.

Étape par étape :
1. Soyez patient lorsque vous éduquez votre chien, car cela peut prendre du temps et de l'effort.
2. Encouragez votre chien en lui offrant des récompenses et des louanges lorsqu'il réussit à apprendre une nouvelle compétence ou à adopter un comportement approprié.
3. Soyez persévérant dans l'éducation de votre chien, même si cela prend du temps et de l'effort.
4. Si vous rencontrez des difficultés dans l'éducation de votre chien, n'hésitez pas à demander l'aide d'un entraîneur professionnel.
5. Soyez patient et persévérant dans l'éducation de votre chien de manière régulière pour renforcer votre relation avec lui et lui enseigner les comportements appropriés.

Que faire si le chien refuse :
1. Restez calme et ne montrez pas de frustration. Gardez une attitude positive et encourageante.
2. Répétez les exercices avec patience et persévérance, en utilisant des incitations et des récompenses pour renforcer le comportement souhaité.
3. Identifiez les éventuelles sources de confusion ou de peur chez votre chien et ajustez votre approche d'entraînement en conséquence.
4. Assurez-vous que les séances d'entraînement sont courtes et agréables pour votre chien, afin de maintenir son intérêt et sa motivation.

Faites preuve de consistance dans l'éducation de votre chien.

Assurez-vous que tous les membres de votre famille utilisent les mêmes mots de commande et récompensent de la même manière votre chien lorsqu'il exécute correctement une commande.

Exemple : soyez consistant dans l'éducation de votre chien en utilisant les mêmes mots de commande et les mêmes techniques de renforcement pour lui enseigner de nouvelles compétences et lui faire comprendre les limites et les règles.

Étape par étape :
1. Utilisez toujours les mêmes mots de commande pour lui enseigner de nouvelles compétences.
2. Utilisez toujours les mêmes techniques de renforcement, comme les récompenses et les louanges, pour encourager votre chien à adopter un comportement approprié.
3. Soyez consistent dans l'application des limites et des règles que vous avez fixées pour votre chien.
4. Soyez patient et persévérant dans l'éducation de votre chien de manière à lui montrer que vous êtes son leader et que vous attendez de lui qu'il suive vos consignes.
5. Soyez consistent dans l'éducation de votre chien de manière régulière pour lui enseigner les comportements appropriés et renforcer votre relation avec lui.

Que faire si le chien refuse :

1. Réévaluez votre approche et assurez-vous que vous utilisez des techniques d'entraînement appropriées et adaptées à la personnalité et aux besoins de votre chien.
2. Identifiez les éventuelles sources de confusion ou de distraction pour votre chien et ajustez votre méthode d'entraînement en conséquence.
3. Restez calme et patient, évitez les réprimandes excessives qui pourraient stresser votre chien et compromettre l'apprentissage.
4. Renforcez les comportements souhaités en offrant des récompenses attrayantes et en félicitant votre chien lorsqu'il les exécute correctement.
5. Envisagez de consulter un dresseur professionnel pour obtenir des conseils supplémentaires et une assistance dans le processus d'éducation de votre chien.

✔ **Ne forcez pas votre chien à faire quelque chose qu'il n'est pas prêt à faire.**

S'il a peur ou n'est pas sûr de lui, donnez-lui du temps pour s'habituer à la situation avant de lui demander d'exécuter une commande.

Exemple : ne forcez pas votre chien à faire quelque chose qui lui cause de l'anxiété ou de la crainte, mais plutôt encouragez-le à apprendre à son rythme et à son propre niveau de confort.

Étape par étape :

1. Observez votre chien et reconnaissez les signes qui indiquent qu'il est anxieux ou craintif, comme la bave, les oreilles couchées ou le regard fuyant.
2. Ne forcez pas votre chien à faire quelque chose qui lui cause de l'anxiété ou de la crainte.
3. Encouragez votre chien à apprendre à son rythme et à son propre niveau de confort en le récompensant pour ses efforts et ses progrès.
4. Utilisez des techniques de renforcement positif, comme les récompenses et les louanges, pour encourager votre chien à apprendre de nouvelles compétences.
5. Soyez patient et persévérant dans l'éducation de votre chien, mais ne le forcez pas à faire quelque chose qui lui cause de l'anxiété ou de la crainte.

Que faire si le chien refuse :

1. Respectez ses limites et ne le forcez pas à agir au-delà de son niveau de confort.
2. Identifiez les raisons de son refus en observant son comportement et en évaluant l'environnement.
3. Adaptez votre approche d'entraînement en proposant des exercices progressifs et en utilisant des techniques de désensibilisation si nécessaire.
4. Offrez-lui un environnement sécurisé et rassurant pour qu'il puisse se sentir en confiance et plus enclin à coopérer.

Faites attention à ne pas surmener votre chien.

Même s'ils ont besoin de beaucoup d'exercice, cette race de chien a également besoin de temps pour se détendre et se reposer. Assurez-vous de le donner suffisamment de temps pour se détendre et se reposer entre les séances d'exercice.

Exemple : assurez-vous de donner à votre chien suffisamment de temps de repos et de détente entre les séances d'entraînement et les activités physiques pour éviter de le surmener.

Étape par étape :
1. Donnez à votre chien suffisamment de temps de repos et de détente entre les séances d'entraînement et les activités physiques.
2. Évitez de surmener votre chien en le faisant travailler ou jouer pendant de longues périodes de temps sans pause.
3. Prenez en compte l'âge et la condition physique de votre chien lorsque vous planifiez ses activités et ses entraînements.
4. Faites attention aux signes de fatigue ou de surmenage chez votre chien, comme la léthargie, l'absence d'appétit ou la difficulté à se concentrer.
5. Si votre chien présente des signes de fatigue ou de surmenage, donnez-lui suffisamment de temps de repos et de détente pour qu'il se rétablisse.

Que faire si le chien refuse :
1. Respectez ses signaux et arrêtez immédiatement l'activité.
2. Offrez-lui de l'eau fraîche et un endroit confortable pour se reposer.
3. Réévaluez le niveau d'intensité ou la durée de l'activité pour éviter de le surmener à l'avenir.
4. Consultez un vétérinaire si les signes de fatigue persistent ou s'aggravent, car cela pourrait indiquer un problème de santé sous-jacent.
5. Favorisez un environnement calme et relaxant pour permettre à votre chien de se reposer et de récupérer pleinement.

En suivant ces conseils, vous devriez être en mesure de poursuivre l'éducation de votre chien de manière efficace et de renforcer votre relation avec lui. N'oubliez pas de toujours être patient et de traiter votre chien avec bienveillance et respect. Si vous avez des difficultés à éduquer votre chien ou si vous avez des questions, n'hésitez pas à demander l'aide d'un entraîneur professionnel.

Médecine préventive.

Il est crucial de suivre un programme de médecine préventive pour votre chien afin de le protéger contre les maladies et les parasites qui peuvent affecter sa santé. La médecine préventive consiste à adopter des mesures pour prévenir la survenue de maladies chez votre chien. En mettant en place une médecine préventive adaptée, vous pouvez contribuer à maintenir la santé et le bien-être de votre chien sur le long terme. Voici quelques conseils pour mettre en place une médecine préventive pour votre chien :

1. **Alimentation :** une alimentation adaptée à l'âge, au poids et aux besoins de votre chien est essentielle pour maintenir sa santé et prévenir certaines maladies.
2. **Exercice :** un exercice régulier est essentiel pour maintenir la forme physique et mentale de votre chien. Assurez-vous de lui offrir suffisamment d'exercice chaque jour en lui proposant des promenades et des jeux.

3. **Soins vétérinaires :** il est primordial d'emmener votre chien chez le vétérinaire pour des contrôles de santé réguliers et pour se faire vacciner et vermifuger selon les recommandations de votre vétérinaire.
4. **Stérilisation :** la stérilisation de votre chien peut aider à prévenir certaines maladies, comme les tumeurs mammaires chez les femelles et la prostate chez les mâles. Consultez votre vétérinaire pour savoir si la stérilisation est recommandée pour lui.
5. **Prévention des parasites :** les parasites internes (vers) et externes (puces, tiques) peuvent causer des problèmes de santé à votre chien. Il est crucial de protéger votre chien contre ces parasites en lui donnant des vermifuges et en utilisant des produits antiparasitaires adaptés.

En suivant ces conseils, vous devriez être en mesure de mettre en place une médecine préventive efficace pour votre animal. N'hésitez pas à demander conseil à votre vétérinaire pour savoir comment prendre soin de la santé de votre chien.

Frais vétérinaires à prévoir !

Le Chihuahua est une race de chien adorable et affectueuse, mais il est important de prendre en compte les frais vétérinaires avant d'en adopter un. Voici un aperçu des différents types de frais que vous pouvez encourir.

Alimentation:
- **Croquettes de haute qualité:** 20 à 40 € par mois
- **Friandises et compléments alimentaires:** 5 à 10 € par mois
Soins vétérinaires:
- **Vaccinations annuelles:** 50 à 100 € par an
- **Vermifuges et antiparasitaires:** 10 à 20 € par mois
- **Consultations et examens vétérinaires:** 30 à 70 € par consultation
- **Assurance santé animale (optionnelle):** 10 à 30 € par mois
Hygiène et toilettage:
- **Shampoing et brossage:** 10 à 20 € par mois
- **Coupe des griffes:** 10 à 15 € par mois
- **Soins dentaires:** 50 à 100 € par an
Autres:
- **Jouets et accessoires:** 10 à 20 € par mois
- **Laisse, collier et harnais:** 10 à 30 €
- **Education canine (optionnel):** 50 à 100 € par séance
Total:
- **Minimum:** 50 € par mois
- **Maximum:** 200 € par mois
Remarques:

- Ces estimations sont données à titre indicatif et peuvent varier en fonction de la région, du vétérinaire et des besoins spécifiques de votre chien.
- Il est important de souscrire une assurance santé animale pour couvrir les frais de santé意外.
- Vous pouvez réduire les coûts en achetant des produits en ligne, en toilettage votre chien vous-même et en l'éduquant à la maison.

Conseils pour réduire les coûts:

- Achetez des croquettes de haute qualité en grande quantité.
- Utilisez des vermifuges et des antiparasitaires génériques.
- Toilettez votre chien vous-même.
- Eduquez votre chien à la maison.
- Souscrivez une assurance santé animale avec une franchise.
- Comparez les prix des différents vétérinaires.

En conclusion,

Le Chihuahua est un chien adorable, mais il est important de prendre en compte les frais vétérinaires avant d'en adopter un. En suivant les conseils ci-dessus, vous pouvez réduire les coûts et vous assurer que votre chien reçoit les soins dont il a besoin.

.

Nutrition et alimentation :

L'alimentation est un élément crucial pour maintenir la santé et le bien-être de votre chien. Il est essentiel de choisir une alimentation de haute qualité qui répond aux besoins nutritionnels spécifiques de votre chien, en tenant compte de son âge, de son poids, de son niveau d'activité et de sa condition physique. Il est également recommandé de diversifier les repas pour offrir une alimentation équilibrée et variée à votre chien, tout en évitant les aliments riches en graisses et en sucres, qui peuvent être nuisibles pour sa santé.

Besoins nutritionnels selon l'âge, poids et niveau d'activité.

Besoins nutritionnels selon l'âge, poids et niveau d'activité pour un Chihuahua. Les besoins nutritionnels de votre Chihuahua varient selon son âge et son niveau d'activité. Voici quelques éléments à prendre en compte pour une nutrition et une alimentation adaptées pour votre chien:

1. **Les besoins nutritionnels des chiots:**

Ils ont des besoins nutritionnels spécifiques pour soutenir leur croissance et leur développement. Ils ont besoin d'une nourriture riche en protéines et en calories pour aider à leur développement osseux et musculaire. Les aliments pour chiots doivent contenir des nutriments essentiels tels que des protéines de haute qualité, des acides gras oméga-3 et oméga-6, des vitamines et des minéraux pour renforcer leur système immunitaire et favoriser une bonne santé. Ils doivent également avoir un rapport calcium/phosphore approprié pour favoriser le développement des os et des dents. Il est recommandé de nourrir les chiots plusieurs petits repas par jour plutôt qu'un ou deux gros repas.

2. **Les besoins nutritionnels des chiens adultes:**

Les chiens adultes ont des besoins nutritionnels différents de ceux des chiots. Ils nécessitent une alimentation moins riche en calories et en protéines de mauvaise qualité pour maintenir une santé optimale et prévenir l'obésité. Cependant, cela ne signifie pas qu'ils n'ont pas besoin de protéines du tout, mais plutôt qu'ils en ont besoin en quantité moindre que les chiots en croissance. Il est donc essentiel de choisir une alimentation de haute qualité contenant des protéines de bonne qualité et d'autres nutriments essentiels pour soutenir la santé à long terme des chiens adultes.

a) **Les protéines de haute qualité** pour les chiens doivent fournir une source complète d'acides aminés essentiels, qui sont les éléments constitutifs des protéines nécessaires à la croissance et à la réparation des tissus corporels. Les protéines d'origine animale sont considérées comme une source de protéines de haute qualité car elles contiennent tous les acides aminés essentiels. Voici quelques exemples de protéines de haute qualité pour les chiens : Poulet, Dinde, Bœuf, Agneau, Saumon, Thon, Œufs e Produits laitiers.

b) **Les protéines de mauvaise qualité** sont généralement issues de sources animales de basse qualité ou d'ingrédients végétaux peu digestibles. Voici quelques exemples de protéines de mauvaise qualité:
   - **Sous-produits animaux :** ce sont des parties non comestibles des animaux, telles que les plumes, les becs et les pattes, qui sont souvent utilisées dans les aliments pour animaux de

compagnie pour leur teneur en protéines. Cependant, ces sous-produits peuvent contenir des contaminants et des allergènes, ainsi que des protéines de faible qualité.
- **Viande de basse qualité :** certaines marques d'aliments pour chiens utilisent de la viande de basse qualité qui peut contenir des parties d'animaux malades ou morts, des hormones et des antibiotiques. Cette viande est souvent difficile à digérer et peut entraîner des problèmes de santé chez les chiens.
- **Gluten de maïs :** le gluten de maïs est une source peu coûteuse de protéines utilisée dans certains aliments pour chiens. Cependant, il est également peu digestible et peut causer des problèmes digestifs chez certains chiens.
- **Soja :** le soja est une autre source peu coûteuse de protéines utilisée dans certains aliments pour chiens, mais il peut causer des allergies et des problèmes digestifs chez certains chiens.

Il faut vérifier les ingrédients et la source des protéines dans les aliments pour chiens pour s'assurer qu'ils sont de haute qualité et facilement digestibles pour votre chien. Et d'être sûr de donner une nourriture de qualité supérieure qui contient des nutriments essentiels tels que des protéines, des fibres, des graisses saines et des vitamines et minéraux pour soutenir une bonne santé à long terme.

3. Les besoins nutritionnels des chiens âgés :

Les chiens âgés ont des besoins nutritionnels spécifiques différents de ceux des chiots et des chiens adultes. Ils ont besoin d'une alimentation facile à digérer, moins riche en calories, pour maintenir un poids sain et prévenir les problèmes de santé liés au vieillissement. Les aliments pour chiens âgés doivent contenir des nutriments spécifiques tels que des antioxydants, des acides gras oméga-3 et oméga-6, ainsi que des fibres pour soutenir leur système immunitaire, leur santé articulaire et leur digestion.

4. Les critères spécifiques :

Pour déterminer la quantité de nourriture et le type d'alimentation les mieux adaptés à votre Chihuahua, vous devez prendre en compte des facteurs tels que son poids, son âge, son niveau d'activité et son métabolisme individuel. Les besoins caloriques des chiens varient en fonction de leur race, de leur condition physique, de leur métabolisme et d'autres facteurs individuels. Pour élaborer un régime alimentaire spécifique pour votre Chihuahua, consultez toujours votre vétérinaire pour obtenir des conseils personnalisés en matière d'alimentation et de nutrition.

Voici une estimation approximative des besoins en calories quotidiens pour un Chihuahua en fonction de son poids et de son niveau d'activité :

Le nombre de calories dont un Chihuahua a besoin chaque jour dépend de plusieurs facteurs, notamment
- **Son poids:** Plus le chien est lourd, plus il a besoin de calories.
- **Son niveau d'activité:** Un chien actif a besoin de plus de calories qu'un chien sédentaire.
- **Son âge:** Un chiot a besoin de plus de calories qu'un chien adulte.
- **Son état de santé:** Un chien malade peut avoir besoin de plus ou moins de calories que la normale.

Voici une estimation approximative des besoins en calories quotidiennes pour un Chihuahua en fonction de son poids et de son niveau d'activité :

- **Poids : 1 kg**
  - Niveau d'activité faible : **200-250 calories**
  - Niveau d'activité moyen : **250-300 calories**
  - Niveau d'activité élevé : **300-350 calories**
- **Poids : 2 kg**
  - Niveau d'activité faible : **250-300 calories**
  - Niveau d'activité moyen : **300-350 calories**
  - Niveau d'activité élevé : **350-400 calories**
- **Poids : 3 kg**
  - Niveau d'activité faible : **300-350 calories**
  - Niveau d'activité moyen : **350-400 calories**
  - Niveau d'activité élevé : **400-450 calories**

Noter que ces chiffres sont une estimation générale et que les besoins caloriques de chaque chien peuvent varier en fonction de sa race, de sa condition physique, de son métabolisme et d'autres facteurs individuels. Pour établir un régime alimentaire spécifique pour votre chien, consultez toujours votre vétérinaire pour obtenir des conseils spécifiques en matière d'alimentation et de nutrition.

Formule de calcul des besoins quotidiens en calories :

La formule pour calculer les besoins quotidiens en calories de chien tient compte du poids, du niveau d'activité, de l'âge et du sexe. Plus le chien est lourd, actif et jeune, plus ses besoins caloriques seront élevés.

Formule approximative:

- **Besoins caloriques quotidiens =** Poids corporel (kg) x 30 x Niveau d'activité

Niveaux d'activité:

- **Faible:** Chien sédentaire, peu d'exercice. **(La valeur = 1)**
- **Modéré:** Chien actif, promenades quotidiennes et jeux. **(La valeur = 2)**
- **Élevé:** Chien très actif, longues promenades, courses à pied, sports canins. **(La valeur = 3)**

Exemple: Un Chihuahua mâle de 35 kg avec un niveau d'activité modéré aura besoin d'environ 1575 calories par jour.

Calcul:

- Poids corporel (kg) = 35
- Niveau d'activité = 2 (modéré)
- Besoins caloriques quotidiens = 35 x 30 x 2 = 1575

Remarques: Cette formule est une approximation et peut ne pas être exacte pour tous les chiens. Il est nécessaire de consulter un vétérinaire pour obtenir une estimation plus précise des besoins caloriques de votre Chihuahua. Et de surveiller le poids de votre chien et d'ajuster son apport calorique en conséquence.

Voici quelques conseils pour préparer des repas maison pour votre chien :

- Assurez-vous de couvrir les besoins nutritionnels de votre chien en lui fournissant une source adéquate de protéines de qualité, de glucides, de graisses et de vitamines et de minéraux. Les viandes maigres, comme **le poulet, la dinde et le bœuf**, sont de bonnes sources de protéines. **Les légumes verts, comme les épinards et le brocoli,** sont une source de nutriments essentiels. Les grains entiers, comme **le riz et le quinoa,** sont une source de glucides sains. Les huiles végétales, comme **l'huile d'olive et l'huile de noix de coco**, sont une source de graisses saines.
- Évitez les ingrédients qui peuvent être toxiques pour les chiens, comme **l'ail, l'oignon, les raisins et les cerises.**
- Assurez-vous de fournir une quantité suffisante de nourriture pour couvrir les besoins énergétiques de votre chien. Un régime alimentaire inadéquat peut entraîner des carences nutritionnelles et des problèmes de santé.
- Consultez un vétérinaire ou un nutritionniste pour vous assurer qu'il reçoit une alimentation équilibrée et adaptée à ses besoins spécifiques. Il faut noter que préparer des repas maison pour votre chien peut être coûteux et prendre du temps. Si vous optez pour des aliments commerciaux, assurez-vous de choisir une marque de qualité qui répond aux normes de l'Association of American Feed Control Officials (AAFCO).

Les aliments autorisés .

Voici quelques exemples d'aliments maison que vous pouvez donner à votre chien :
- Viandes maigres, comme le poulet, la dinde et le bœuf
- Légumes verts, comme les épinards et le brocoli
- Grains entiers, comme le riz et le quinoa
- Huiles végétales, comme l'huile d'olive et l'huile de noix de coco
- Légumes, comme les carottes, les patates douces et les courgettes
- Fruits, comme les bananes, les pommes et les fraises (en petites quantités)

Ces aliments peuvent être donnés au Chihuahua en complément de son alimentation principale à base de croquettes pour chiens de qualité. Il veiller à ce que ces aliments frais soient donnés en quantités appropriées et en complément d'une alimentation équilibrée pour éviter un déséquilibre nutritionnel. Par exemple, les viandes doivent être cuites et sans os, les légumes doivent être cuits et coupés en petits morceaux pour faciliter la digestion, et les fruits doivent être donnés en petites quantités pour éviter des problèmes digestifs.

Les aliments toxiques.

Voici une liste d'aliments qui peuvent être toxiques ou nocifs pour votre animal de compagnie :

- **Les avocats:** contiennent une substance appelée persine qui peut être toxique pour les chiens, en particulier pour les chiens de petite taille.
- **Les oignons et l'ail:** peuvent causer une anémie hémolytique chez les chiens, ce qui peut entraîner une fatigue, une faiblesse et une urine de couleur foncée.
- **Les raisins et les cornichons:** peuvent causer une insuffisance rénale chez les chiens.
- **Les noix de macadamia:** peuvent causer une intoxication chez les chiens, entraînant une faiblesse musculaire, de la fièvre et des tremblements.
- **Le chocolat:** contient de la théobromine, qui peut être toxique pour les chiens et peut causer des troubles cardiaques, des tremblements et de la diarrhée.
- **Le poisson cru:** peut contenir des parasites qui peuvent causer des problèmes de santé chez les chiens.
- **Les os:** peuvent se briser et s'éclater dans l'estomac ou l'intestin de votre chien, ce qui peut causer des blessures graves ou même la mort.
- **Les tomates:** les feuilles et les tiges de tomate peuvent être toxiques pour les chiens, causant une ataxie (perte de coordination) et une tachycardie (rythme cardiaque rapide). Les tomates mûres elles-mêmes ne sont pas aussi toxiques, mais peuvent causer des maux d'estomac si elles sont consommées en grande quantité.
- **Le lait et les produits laitiers:** de nombreux chiens sont intolérants au lactose et peuvent souffrir de diarrhée et de gaz s'ils consomment du lait ou des produits laitiers.
- **Les aliments épicés:** les aliments épicés peuvent causer des brûlures d'estomac et de la diarrhée chez les chiens.
- **Les noix de cajou:** peuvent causer une intoxication chez les chiens, entraînant une faiblesse musculaire, de la fièvre et des tremblements.
- **Les feuilles de rhubarbe:** peuvent être toxiques pour les chiens, causant une perte d'appétit, de la somnolence et des vomissements.
- **Les feuilles de houx:** peuvent être toxiques pour les chiens, causant des vomissements, de la diarrhée, des tremblements et des convulsions.
- **Les agrumes:** la pulpe et les feuilles des agrumes peuvent être toxiques pour les chiens, causant des vomissements, de la diarrhée et des troubles hépatiques.
- **Les feuilles de laurier:** peuvent être toxiques pour les chiens, causant des troubles digestifs, de la somnolence et des convulsions.
- **Les poivrons:** les feuilles de poivron peuvent être toxiques pour les chiens, causant des vomissements et de la diarrhée.
- **Les plantes d'intérieur:** certaines plantes d'intérieur, comme le lis d'Espagne, le lis de paix et le lys, peuvent être toxiques pour les chiens et causent des vomissements, de la diarrhée et des troubles digestifs.

Il est interdit de donner à votre chien de la nourriture destinée aux humains qui contient du sucre, du sel, des épices et des ingrédients transformés, car cela peut causer des problèmes de santé tels que l'obésité, l'hypertension et le diabète. Il est aussi recommandé de consulter un vétérinaire ou un nutritionniste avant de donner des aliments maison à votre chien, afin de vous assurer que vous couvrez tous ses besoins nutritionnels.

Croquettes pour CHIHUAHUA.

Les croquettes pour chien sont tout aussi importantes pour les **CHIHUAHUA**, mais il est essentiel de choisir des croquettes de haute qualité qui répondent parfaitement aux **besoins nutritionnels spécifiques** de votre chien. Pour votre **CHIHUAHUA**, il est recommandé de sélectionner des croquettes spécialement conçues pour sa taille et son niveau d'activité. Les croquettes pour chiens de taille moyenne à grande conviennent généralement pour ces chiens, en veillant à ce qu'elles soient **riches en protéines** et en énergie. Assurez-vous de lire attentivement l'étiquette des croquettes pour vous assurer qu'elles contiennent tous les **éléments nutritifs essentiels** pour lui et qu'elles correspondent à son âge et à son mode de vie.

N'oubliez pas que les croquettes constituent seulement une partie de son régime alimentaire. Assurez-vous qu'il ait toujours de l'eau fraîche et propre à sa disposition. Vous pouvez également compléter son alimentation avec des aliments frais, comme des légumes et des viandes, soit en guise de friandises, soit comme composants de ses repas principaux. Veillez à ajuster les portions en fonction de ses besoins, à maintenir un équilibre nutritionnel et à rester attentif à sa santé et à son bien-être.

Exemples des recettes maison .

Voici quelques exemples de repas maison que vous pouvez préparer pour votre chien Chihuahua :

1. Pâté de viande hachée :

Les ingrédients :
- 500g de viande hachée de poulet ou de dinde
- 1 tasse de légumes hachés (carottes, courgettes, brocolis)
- 1 œuf
- 1 cuillère à soupe d'huile de coco

La préparation :
- Dans une poêle, faites chauffer l'huile de coco et faites cuire la viande hachée jusqu'à ce qu'elle soit bien cuite.
- Ajoutez les légumes hachés et faites cuire pendant encore 5 minutes.
- Ajoutez l'œuf et mélangez bien.
- Laissez refroidir avant de servir.
- Valeurs nutritionnelles et total de calories :

Conseil :
Vous pouvez ajouter du riz ou du quinoa cuit pour une source supplémentaire de glucides.

Valeurs nutritionnelles et total de calories :
Pour 100g de pâté, vous aurez environ 150 calories, 18g de protéines, 8g de lipides et 5g de glucides.

Recette de poulet et riz :
Ingrédients :

- 500g de blancs de poulet
- 200g de riz brun
- 2 carottes moyennes
- 2 tasses d'eau

Préparation :
1. Faites cuire le riz brun selon les instructions sur l'emballage.
2. Faites cuire les blancs de poulet dans une poêle jusqu'à ce qu'ils soient dorés.
3. Coupez les carottes en petits morceaux et ajoutez-les à la poêle avec le poulet. Faites cuire pendant 5 minutes.
4. Mélangez le poulet, les carottes et le riz dans un grand bol.
5. Ajoutez 2 tasses d'eau et mélangez bien.

Conseil :
Vous pouvez ajouter des légumes verts tels que les épinards ou les petits pois pour une dose supplémentaire de nutriments.

Valeurs nutritionnelles et total de calories :
Calories totales : 1080 | **Protéines :** 85 g | **Glucides :** 92 g | **Lipides :** 32 g

Recette de viande hachée et patates douces :

Ingrédients :
- 500g de viande hachée (boeuf ou dinde)
- 200g de patates douces
- 2 oeufs
- 1 tasse de flocons d'avoine

2 cuillères à soupe d'huile d'olive

Préparation :
1. Préchauffez le four à 180°C.
2. Épluchez les patates douces et coupez-les en petits morceaux. Faites-les cuire à la vapeur jusqu'à ce qu'elles soient tendres.
3. Dans un grand bol, mélangez la viande hachée, les patates douces, les oeufs et les flocons d'avoine.
4. Ajoutez l'huile d'olive et mélangez bien.
5. Formez des boulettes de viande et placez-les sur une plaque de cuisson.
6. Faites cuire au four pendant environ 20 minutes ou jusqu'à ce que les boulettes soient dorées.

Conseil :
Vous pouvez ajouter des légumes verts tels que les brocolis pour une dose supplémentaire de nutriments.

Valeurs nutritionnelles et total de calories :
Calories totales : 1396 | Protéines : 103 g | Glucides : 68 g | Lipides : 78 g

Boulettes de viande et riz :

Ingrédients :
- 500g de viande hachée (boeuf, dinde, poulet)
- 1 tasse de riz cuit

- 1 oeuf
- 1/2 tasse de légumes hachés (carottes, courgettes, épinards)
- 2 cuillères à soupe d'huile d'olive

La préparation :
1. Dans un grand bol, mélangez la viande hachée, le riz cuit, l'oeuf et les légumes hachés.
2. Formez des boulettes de la taille d'une balle de golf avec le mélange.
3. Dans une grande poêle, faites chauffer l'huile d'olive à feu moyen.
4. Ajoutez les boulettes de viande dans la poêle et faites-les cuire pendant environ 10-15 minutes, en les retournant régulièrement pour qu'elles soient cuites uniformément.
5. Laissez refroidir les boulettes de viande avant de les donner à votre chien.

Conseil :
Vous pouvez conserver les boulettes de viande et riz au réfrigérateur dans un contenant hermétique pendant environ 3 jours. Vous pouvez également les congeler pour une utilisation ultérieure.

Valeurs nutritionnelles et total de calories :
Cette recette contient environ 1200 calories au total, soit environ 300 calories par portion (pour environ 4 portions). Elle est riche en protéines, en fibres et en vitamines grâce aux légumes ajoutés. N'oubliez pas de tenir compte de cette recette dans la ration journalière de votre chien.

Muffins au poulet et aux légumes

Ingrédients :
- 2 tasses de farine de blé entier
- 2 cuillères à café de poudre à pâte
- 1 tasse de poulet cuit et haché
- 1 tasse de légumes hachés (carottes, courgettes, épinards)
- 1 œuf
- 1/4 tasse d'huile d'olive
- 1 tasse d'eau

La préparation :
1. Préchauffez votre four à 180°C et graissez un moule à muffins.
2. Dans un grand bol, mélangez la farine de blé entier et la poudre à pâte.
3. Ajoutez le poulet haché, les légumes hachés, l'oeuf, l'huile d'olive et l'eau dans le bol et mélangez bien.
4. Versez le mélange dans le moule à muffins, en remplissant chaque moule aux deux tiers.
5. Faites cuire les muffins pendant environ 20-25 minutes, ou jusqu'à ce qu'ils soient dorés et qu'un cure-dent en ressorte propre.
6. Laissez refroidir les muffins avant de les donner à votre chien.

Conseil : Vous pouvez conserver les muffins au poulet et aux légumes au réfrigérateur dans un contenant hermétique pendant environ 5 jours. Vous pouvez également les congeler pour une utilisation ultérieure.

Valeurs nutritionnelles et total de calories : Cette recette contient environ 1600 calories au total, soit environ 200 calories par muffin (pour environ 8 muffins). Elle est riche en protéines, en fibres et en vitamines grâce aux légumes ajoutés. N'oubliez pas de tenir compte de cette recette dans la ration journalière de votre chien.

Boulettes de boeuf et riz brun

Ingrédients :

- 500g de bœuf haché maigre
- 1 tasse de riz brun cuit
- 1 œuf
- 1 tasse de légumes hachés (carottes, épinards, courgettes)
- 1/4 tasse de persil frais haché
- 1 cuillère à soupe d'huile d'olive

La préparation :

1. Préchauffez votre four à 180°C.
2. Dans un grand bol, mélangez le boeuf haché, le riz brun cuit, l'oeuf, les légumes hachés et le persil frais haché.
3. Formez des boulettes de la taille d'une balle de golf et disposez-les sur une plaque de cuisson recouverte de papier sulfurisé.
4. Badigeonnez les boulettes d'huile d'olive.
5. Faites cuire les boulettes de boeuf et de riz brun au four pendant environ 25-30 minutes, ou jusqu'à ce qu'elles soient dorées et cuites à l'intérieur.
6. Laissez refroidir les boulettes avant de les donner à votre chien.

Conseil : Vous pouvez conserver les boulettes de boeuf et de riz brun au réfrigérateur dans un contenant hermétique pendant environ 5 jours. Vous pouvez également les congeler pour une utilisation ultérieure.

Valeurs nutritionnelles et total de calories : Cette recette contient environ 1300 calories au total, soit environ 100 calories par boulette (pour environ 13 boulettes). Elle est riche en protéines grâce au boeuf et en fibres et en vitamines grâce aux légumes ajoutés. N'oubliez pas de tenir compte de cette recette dans la ration journalière de votre chien.

Bouillon de poulet et riz

Ingrédients :

- 2 cuisses de poulet
- 1 tasse de riz blanc non-cuit
- 4 tasses d'eau
- 2 carottes coupées en petits morceaux
- 2 branches de céleri coupées en petits morceaux
- 1 cuillère à soupe d'huile d'olive

La préparation :

1. Dans une grande casserole, faites chauffer l'huile d'olive à feu moyen.
2. Ajoutez les cuisses de poulet et faites-les cuire jusqu'à ce qu'elles soient dorées de tous les côtés.
3. Ajoutez les carottes et le céleri, puis versez l'eau dans la casserole.

4. Portez le tout à ébullition, puis réduisez le feu et laissez mijoter pendant environ 30 minutes, ou jusqu'à ce que le poulet soit bien cuit et tendre.
5. Retirez les cuisses de poulet de la casserole et laissez-les refroidir avant de retirer la viande des os et de la couper en petits morceaux.
6. Ajoutez le riz blanc non-cuit dans la casserole, puis remettez la viande de poulet dans la casserole.
7. Laissez mijoter pendant environ 20 minutes, ou jusqu'à ce que le riz soit cuit.
8. Laissez refroidir le bouillon avant de le servir à votre chien.

Conseil : Vous pouvez conserver le bouillon de poulet et riz dans un contenant hermétique au réfrigérateur pendant environ 5 jours. Vous pouvez également congeler le bouillon pour une utilisation ultérieure.

Valeurs nutritionnelles et total de calories : Cette recette contient environ 1500 calories au total, soit environ 250 calories par portion (pour environ 6 portions). Elle est riche en protéines grâce au poulet et en glucides grâce au riz. Elle contient également des vitamines et des minéraux grâce aux légumes ajoutés. N'oubliez pas de tenir compte de cette recette dans la ration journalière de votre chien.

Boulettes de viande et légumes

Ingrédients :

- 500 g de viande hachée (poulet, dinde ou bœuf)
- 2 carottes râpées
- 1 courgette râpée
- 1 tasse de flocons d'avoine
- 1 oeuf
- 1 cuillère à soupe d'huile d'olive

La préparation :

1. Dans un grand bol, mélangez la viande hachée, les carottes râpées, la courgette râpée, les flocons d'avoine et l'œuf.
2. Mélangez bien le tout jusqu'à ce que tous les ingrédients soient bien incorporés.
3. Formez des boulettes de la taille d'une balle de golf avec le mélange de viande et légumes.
4. Dans une grande poêle, faites chauffer l'huile d'olive à feu moyen.
5. Ajoutez les boulettes de viande et légumes dans la poêle et faites-les cuire pendant environ 10 à 15 minutes, ou jusqu'à ce qu'elles soient bien cuites.
6. Laissez les boulettes de viande et légumes refroidir avant de les servir à votre chien.

Conseil : Vous pouvez conserver les boulettes de viande et légumes dans un contenant hermétique au réfrigérateur pendant environ 5 jours. Vous pouvez également congeler les boulettes pour une utilisation ultérieure.

Valeurs nutritionnelles et total de calories : Cette recette contient environ 1200 calories au total, soit environ 200 calories par portion (pour environ 6 portions). Elle est riche en protéines grâce à la viande hachée et en fibres grâce aux légumes et aux flocons d'avoine. Elle contient également des vitamines et des minéraux grâce aux légumes ajoutés. N'oubliez pas de tenir compte de cette recette dans la ration journalière de votre chien.

Biscuits de patate douce et d'avoine

Ingrédients :

- 1 patate douce de taille moyenne, pelée et coupée en petits cubes
- 1 tasse de flocons d'avoine
- 1/4 de tasse de farine de blé complet
- 1/4 de tasse de beurre d'arachide naturel (sans sucre ajouté)
- 1 oeuf

La préparation :

1. Préchauffez le four à 180°C.
2. Dans une casserole, faites bouillir de l'eau et ajoutez les cubes de patate douce. Faites cuire jusqu'à ce qu'ils soient tendres, environ 10 à 15 minutes.
3. Dans un grand bol, mélangez les flocons d'avoine, la farine de blé complet, le beurre d'arachide et l'oeuf jusqu'à ce que tous les ingrédients soient bien incorporés.
4. Ajoutez les cubes de patate douce cuits dans le bol et mélangez bien jusqu'à ce qu'ils soient bien incorporés à la pâte.
5. Formez des biscuits en utilisant vos mains ou un emporte-pièce pour biscuits. Déposez-les sur une plaque de cuisson recouverte de papier sulfurisé.
6. Faites cuire les biscuits pendant environ 25 minutes, ou jusqu'à ce qu'ils soient dorés et fermes.
7. Laissez les biscuits refroidir complètement avant de les donner à votre chien.

Conseil : Vous pouvez conserver les biscuits de patate douce et d'avoine dans un contenant hermétique au réfrigérateur pendant environ une semaine. Vous pouvez également les congeler pour une utilisation ultérieure.

Valeurs nutritionnelles et total de calories : Cette recette contient environ 800 calories au total, soit environ 100 calories par biscuit (pour environ 8 biscuits). Elle est riche en fibres grâce à la patate douce et aux flocons d'avoine, et en protéines grâce au beurre d'arachide et à l'oeuf. Elle contient également des vitamines et des minéraux grâce à la patate douce. N'oubliez pas de tenir compte de cette recette dans la ration journalière de votre chien.

Boulettes de poulet et de patate douce

Ingrédients (pour environ 20 boulettes) :

- 500g de poulet haché
- 200g de patate douce râpée
- 2 œufs battus
- 50g de flocons d'avoine
- 1 cuillère à soupe d'huile de coco

Préparation :

1. Préchauffez le four à 180°C.
2. Dans un grand bol, mélangez le poulet haché, la patate douce râpée, les oeufs battus et les flocons d'avoine.

3. Formez des boulettes de la taille d'une balle de ping-pong.
4. Dans une poêle à feu moyen, faites chauffer l'huile de coco.
5. Ajoutez les boulettes de poulet et faites-les dorer de tous les côtés.
6. Placez les boulettes sur une plaque de cuisson et faites-les cuire au four pendant environ 20 minutes.

Conseil : Vous pouvez ajouter des légumes supplémentaires, tels que des carottes râpées ou des courgettes, pour augmenter la teneur en nutriments de la recette.

Valeurs nutritionnelles et total de calories :
- Calories : 60 calories par boulette | Protéines : 6 g | Glucides : 2 g | Lipides : 3,5 g

Important : Il faut noter que ces exemples de repas maison sont à titre indicatif et ne couvrent peut-être pas tous les besoins nutritionnels de votre chien. Il est recommandé de consulter un vétérinaire ou un nutritionniste avant de lui donner des aliments maison, afin de vous assurer que vous couvrez tous ses besoins nutritionnels.

La Santé de votre chien :

Les Chihuahuas sont des chiens énergiques et résistants qui nécessitent des soins et de l'attention pour rester en bonne santé à toutes les étapes de leur vie. Comprendre leurs besoins en matière de santé et de soins est essentiel pour les garder en bonne forme et heureux tout au long de leur existence. Dans cette section, nous explorerons en détail les besoins de santé et les soins nécessaires à chaque étape de leur vie, du chiot à l'adulte et au chien âgé.

Attention :

Il est essentiel de souligner que la liste des maladies mentionnées pour cette race de chien ne signifie pas que votre chien en souffrira nécessairement. Chaque chien est unique, et sa santé dépend davantage de son mode de vie, notamment son alimentation et sa vaccination, que de ses prédispositions génétiques. Par conséquent, *__il ne faut pas s'inquiéter en sachant que les Chihuahuas peuvent être prédisposés à certaines maladies.__* En surveillant régulièrement la santé de votre chien, en suivant les recommandations de votre vétérinaire pour prévenir les maladies courantes, en adoptant une alimentation de qualité et une bonne hygiène, vous pouvez contribuer à réduire les risques de maladies et maintenir une excellente qualité de vie pour votre animal de compagnie. Enfin, gardez à l'esprit que chaque chien est unique, et les maladies courantes ne sont pas une certitude pour votre chien.

Les maladies courantes et leur prévention.

Comme tous les chiens, les Chihuahuas peuvent être sujets à certaines maladies. Voici une liste non exhaustive des affections qui peuvent affecter les Chihuahuas :

1. Dysplasie de la hanche :
La dysplasie de la hanche est une condition héréditaire qui se caractérise par un développement anormal de la hanche, pouvant entraîner douleurs et difficultés de déplacement. Pour prévenir la dysplasie de la hanche, il est crucial de choisir des parents de chiens qui ont été testés pour cette affection et de maintenir un poids optimal pour votre chien. Les Chihuahuas sont particulièrement prédisposés à cette maladie, il est donc essentiel de surveiller leur poids et de leur fournir une alimentation de haute qualité pour préserver la santé de leurs articulations.

2. Problèmes de peau:
Les Chihuahuas peuvent être sujets à divers problèmes cutanés, tels que les allergies, les infections fongiques et les parasites. Pour prévenir ces problèmes, il est recommandé de maintenir une bonne hygiène en brossant régulièrement le pelage de votre chien et en le baignant avec un shampooing adapté à sa peau. Surveillez également régulièrement la peau de votre chien pour repérer tout problème éventuel.

3. Troubles de la thyroïde:
La thyroïde joue un rôle crucial dans le métabolisme et le fonctionnement de l'organisme de votre chien. Les problèmes thyroïdiens peuvent être causés par une production insuffisante ou excessive d'hormones

thyroïdiennes, entraînant des problèmes de poids, de peau et de pelage. Pour prévenir ces problèmes, faites tester régulièrement la thyroïde de votre chien par votre vétérinaire et suivez les recommandations pour maintenir sa santé thyroïdienne.

4. Maladies cardiaques:

Les Chihuahuas peuvent être prédisposés à certaines maladies cardiaques, telles que la cardiomyopathie dilatée. Pour prévenir ces problèmes, assurez-vous que la santé cardiaque de votre chien est régulièrement contrôlée par votre vétérinaire et suivez ses recommandations pour maintenir sa santé cardiaque. Faites vacciner votre chien contre les maladies cardiaques et veillez à son poids en lui fournissant une alimentation appropriée et suffisamment d'exercice. Évitez les aliments nocifs pour son cœur, tels que le chocolat.

5. Infections auriculaires:

Les Chihuahuas ont des oreilles dressées qui sont moins sujettes aux infections que les oreilles tombantes. Cependant, il est essentiel de nettoyer régulièrement les oreilles de votre chien pour prévenir les infections et de surveiller toute irritation ou infection potentielle. Utilisez un nettoyant auriculaire adapté à sa race et consultez votre vétérinaire si vous observez des signes d'infection ou d'irritation auriculaire chez votre chien.

6. Maladies oculaires:

Les Chihuahuas peuvent être sujets à diverses affections oculaires, telles que la cataracte et le glaucome. Pour prévenir ces problèmes, surveillez régulLes Chihuahuas sont des chiens énergiques et intelligents qui nécessitent des soins attentifs pour rester en bonne santé à chaque étape de leur vie. Comprendre leurs besoins en matière de santé et de soins est crucial pour les maintenir en forme et heureux tout au long de leur existence. Dans cette section, nous explorerons en détail les besoins de santé spécifiques à chaque étape de la vie de votre Chihuahua, de son stade de chiot à l'âge adulte et au-delà.

7. Maladies du cérébrale :

Les Chihuahuas peuvent être sujets à certaines maladies cérébrales, comme l'épilepsie. Pour prévenir ces problèmes, surveillez régulièrement la santé de votre chien, et assurez-vous de le faire vacciner contre les maladies cérébrales recommandées. Évitez également de laisser votre chien sans surveillance dans des endroits où il pourrait se heurter la tête, comme près de piscines ou de fenêtres ouvertes à hauteur de tête..

8. Maladies de la vessie:

Les Chihuahuas peuvent être sujets à des infections de la vessie et à des calculs urinaires. Pour prévenir ces problèmes, maintenez une bonne hygiène urinaire pour votre chien, et fournissez-lui une alimentation adaptée à sa race. Encouragez votre chien à boire suffisamment d'eau et à uriner régulièrement. Offrez-lui une alimentation équilibrée avec une quantité appropriée de protéines, et évitez les aliments qui peuvent causer des problèmes urinaires, tels que les os et les graisses.

9. Maladies du foie:

Les Chihuahuas peuvent être sujets à des maladies du foie, telles que l'hépatite et la stéatose hépatique. Pour prévenir ces problèmes, surveillez régulièrement la santé du foie de votre chien, et donnez-lui une alimentation adaptée à sa race. Évitez de donner à votre chien des aliments gras ou trop riches en calories.

10. Cancer:

Les Chihuahuas, comme tous les chiens, peuvent être sujets au cancer. Pour prévenir le cancer, surveillez régulièrement la santé de votre chien, et faites-le vacciner contre les maladies pouvant augmenter son risque de développer un cancer, telles que les virus de l'hépatite et de la leucémie féline.

11. L'hypoglycémie (diabète) :

L'hypoglycémie peut également être un problème pour les Chihuahuas, en particulier les chiots et les chiens âgés. Comme pour tous les chiens, cette condition est caractérisée par un faible taux de sucre dans le sang, pouvant entraîner faiblesse, somnolence, voire convulsions. Pour éviter l'hypoglycémie, il est important de nourrir votre chien régulièrement avec une alimentation adaptée à sa race, et de surveiller tout signe de faiblesse ou de léthargie. Consultez votre vétérinaire pour des recommandations spécifiques en matière d'alimentation et de soins afin de prévenir l'hypoglycémie chez votre Chihuahua.

Explication du diabète:

Tout comme chez les humains, le taux de sucre dans le sang de votre chien est régulé par l'insuline, une hormone produite par le pancréas. Lorsqu'il mange, le sucre contenu dans ses aliments est absorbé par le tube digestif et passe dans la circulation sanguine. L'insuline régule ensuite le taux de sucre en facilitant son entrée dans les cellules, où il est utilisé comme source d'énergie. Si le taux de sucre dans le sang est trop élevé, le pancréas produit de l'insuline pour le réduire. Si le taux de sucre dans le sang est trop bas, le pancréas produit du glucagon, une autre hormone qui libère le sucre stocké dans le foie et les muscles.

Les aliments pouvant perturber le taux de sucre dans le sang, comme ceux riches en sucres ou en graisses, ou contenant des ingrédients de mauvaise qualité, peuvent perturber le métabolisme de votre chien et altérer sa capacité à réguler son taux de sucre. Si votre chien consomme régulièrement de tels aliments, son taux de sucre dans le sang peut devenir instable, augmentant ainsi les risques d'hypoglycémie. Celle-ci peut entraîner des symptômes graves, tels que faiblesse, somnolence, tremblements, convulsions ou coma, et doit être traitée rapidement par un vétérinaire.

Prévention :

Voici quelques façons de prévenir l'hypoglycémie chez votre chien :

- **Donnez à votre chien une alimentation régulière** : assurez-vous de donner à votre chien une alimentation régulière et équilibrée, en respectant les quantités recommandées par votre vétérinaire ou par un nutritionniste.
- **Evitez les aliments qui peuvent perturber le taux de sucre dans le sang** : évitez de donner à votre chien des aliments qui peuvent perturber son taux de sucre dans le sang, comme les aliments trop riches en sucres ou en graisses, ou les aliments qui contiennent des ingrédients de mauvaise qualité.
- **Faites attention aux exercices de votre chien** : veillez à ce qu'il ne fasse pas de surmenage lors de ses exercices, en lui offrant une activité physique modérée et adaptée à son niveau de forme physique.

- **Faites attention aux signes de l'hypoglycémie** : surveillez votre chien et faites attention aux signes de l'hypoglycémie, comme la faiblesse, la somnolence, le tremblement, les convulsions ou le coma. Si vous remarquez ces signes, demandez conseil à votre vétérinaire.

Comment éviter l'obésité ?

Il est difficile de donner une réponse générale à cette question, car le poids idéal d'un chien dépend de plusieurs facteurs, tels que sa race, sa taille, son âge et son niveau d'activité. Cependant, il existe un moyen simple de savoir si votre chien est en surpoids ou obèse : vous pouvez le palper.

Pour ce faire, placez votre main sur le dos de votre chien en laissant votre pouce sur l'un de ses côtes et vos doigts sur l'autre. Vous devriez être en mesure de sentir les côtes de votre chien sous une couche mince de graisse, mais elles ne devraient pas être visibles ni facilement palpables. Si vous ne parvenez pas à sentir les côtes de votre chien, cela signifie qu'il est probablement en surpoids ou obèse.

L'obésité est un problème de santé qui peut affecter les chiens de toutes races, y compris les Chihuahuas. Bien que cette race soit généralement active et athlétique, l'obésité peut encore survenir si elle reçoit une alimentation inadéquate ou si elle manque d'exercice et de stimulation mentale. L'obésité peut entraîner de graves problèmes de santé, tels que des problèmes articulaires, des troubles cardiaques et une réduction de l'espérance de vie. Pour prévenir l'obésité chez votre chien.

<u>**Voici quelques conseils pour prévenir l'obésité chez votre chien :**</u>
- **Optez pour une alimentation de qualité et adaptée aux besoins de votre chien** : choisissez une alimentation qui contient des ingrédients de qualité et qui répond aux besoins nutritionnels de votre chien. Évitez les aliments gras et sucrés qui peuvent contribuer à l'obésité.
- **Respectez les portions recommandées** : donnez à votre chien des portions adaptées à ses besoins pour éviter de le suralimenter. Consultez votre vétérinaire ou les informations sur l'emballage de l'alimentation pour connaître les portions recommandées.
- **Évitez de donner trop de friandises et de "gâteries" à votre chien** : bien qu'il soit tentant de récompenser son chien avec de la nourriture, cela peut contribuer à l'obésité si ces "bonbons" sont donnés en trop grande quantité.
- **Offrez à votre chien des exercices réguliers** : proposez à votre animal de compagnie des promenades quotidiennes et des jeux pour qu'il puisse se dépenser et maintenir sa forme physique.
- **Surveillez le poids de votre chien** : pesez régulièrement votre chien pour vous assurer qu'il ne prend pas de poids de manière excessive. Si vous constatez qu'il prend du poids, vous pouvez ajuster sa ration alimentaire ou augmenter son niveau d'exercice.

En suivant ces conseils, vous devriez être en mesure de prévenir l'obésité chez votre chien. N'hésitez pas à demander conseil à votre vétérinaire ou à un diététicien animalier si vous avez des doutes sur l'alimentation ou l'exercice de votre chien. En maintenant un poids santé pour votre chien, vous contribuez à maintenir sa santé et son bien-être à long terme.

Comment éviter le diabète ?

Il est possible que votre chien puisse souffrir de diabète, tout comme n'importe quelle autre race de chien. Le diabète est une maladie métabolique qui se caractérise par une insuffisance de production d'insuline par le pancréas ou une mauvaise utilisation de l'insuline par l'organisme. Cette insuffisance peut entraîner des niveaux élevés de sucre dans le sang (hyperglycémie) et des complications de santé graves si elle n'est pas traitée adéquatement.

Les signes cliniques de diabète chez les chiens peuvent inclure :
- Soif excessive et miction fréquente
- Perte de poids malgré un appétit normal ou accru
- Faiblesse et fatigue
- Vision floue ou perte de vision
- Irritabilité ou changements de comportement

Les causes exactes du diabète chez les chiens :
Les causes exactes du diabète chez les chiens, ne sont pas entièrement comprises. Cependant, il a été démontré que certains facteurs peuvent augmenter le risque de développer cette maladie :
- **Être en surpoids ou obèse :** Le surpoids ou l'obésité peuvent perturber le métabolisme des glucides et augmenter le risque de diabète.
- **Avoir un mode de vie sédentaire :** Les chiens qui manquent d'exercice sont plus enclins à développer du diabète que ceux qui sont actifs.
- **Avoir une alimentation inadéquate :** Une alimentation riche en glucides et en calories peut augmenter le risque de diabète chez les chiens.
- **Avoir des antécédents familiaux de diabète :** Certains chiens peuvent avoir une prédisposition génétique au diabète.
- **Certains médicaments :** Certains médicaments peuvent interférer avec le métabolisme de l'insuline et augmenter le risque de diabète.

> **Prévention :** Vous devez surveiller votre chien pour détecter tout signe de diabète et de consulter votre vétérinaire si vous avez des inquiétudes. Le diabète est une maladie grave qui nécessite un traitement à vie, mais il peut être géré efficacement avec une alimentation adéquate, de l'exercice et des médicaments prescrits par votre vétérinaire.

Les recommandation :
- **Choisir une alimentation adaptée :** une alimentation adaptée aux besoins de votre chien peut aider à prévenir le diabète. Consultez votre vétérinaire ou un diététicien animalier pour choisir une alimentation adaptée à votre chien. Par exemple, S'il a un risque élevé de développer du diabète, vous pouvez opter pour une alimentation à faible teneur en glucides et à teneur modérée en protéines.
- **Respecter les portions recommandées :** assurez-vous de donner à votre chien des portions adaptées à ses besoins en calories. Vous pouvez vous référer aux informations sur l'emballage de

l'alimentation ou demander conseil à votre vétérinaire pour connaître les portions recommandées pour votre chien. Par exemple, S'il a besoin de 500 calories par jour, vous pouvez lui donner une tasse d'alimentation contenant 250 calories le matin et une autre tasse contenant 250 calories le soir. (n'oubliez pas de retourner au **chapitre « Nutrition et alimentation »** pour savoir les portions qu'il faut donner à votre chien)

- **Offrir à votre chien une activité physique régulière :** l'exercice régulier peut aider à prévenir le diabète chez votre chien en régulant les niveaux de sucre dans le sang. Offrez-lui des promenades quotidiennes et des jeux pour qu'il puisse se dépenser. Vous pouvez par exemple lui offrir de longues promenades, jouer avec lui au frisbee ou lui offrir des jouets interactifs qui l'obligent à faire des efforts physiques.
- **Suivre les recommandations de votre vétérinaire:** S'il a été diagnostiqué avec du diabète, suivez les recommandations de votre vétérinaire en matière de traitement et de gestion de la maladie. Cela peut inclure des changements dans l'alimentation de votre chien, des médicaments pour réguler les niveaux de sucre dans le sang et des contrôles réguliers de la glycémie.

En suivant ces conseils, vous devriez être en mesure de prévenir le diabète chez votre chien. N'hésitez pas à demander conseil à votre vétérinaire ou à un diététicien animalier pour obtenir des recommandations plus personnalisées.

Comment éviter l'hypertension ?

L'hypertension, également appelée hypertension artérielle, est une condition médicale dans laquelle la pression artérielle (la pression exercée par le sang sur les parois des vaisseaux sanguins) est élevée. L'hypertension peut être dangereuse pour les chiens, car elle peut entraîner des lésions des vaisseaux sanguins et des organes, ainsi que des problèmes cardiaques, rénaux et oculaires. Il est possible que votre chien puisse souffrir d'hypertension, bien que cette condition soit généralement plus fréquente chez les chiens âgés ou atteints de certaines maladies (comme le diabète).

Les signes cliniques d'hypertension peuvent inclure :
1. Pupilles dilatées
2. Perte de poids
3. Faiblesse ou fatigue
4. Vomissements
5. Œdèmes (gonflement des membres)

Les causes exactes de l'hypertension :
Les causes exactes de l'hypertension chez les chiens, ne sont pas entièrement comprises. Cependant, il a été démontré que certaines conditions médicales et facteurs de risque peuvent augmenter le risque de développer cette condition :

1. **Être âgé :** L'hypertension est plus fréquente chez les chiens âgés.

2. **Avoir certaines maladies :** Certaines maladies, comme le diabète, les maladies rénales et les maladies cardiaques, peuvent augmenter le risque d'hypertension.
3. **Être en surpoids ou obèse :** Le surpoids ou l'obésité peuvent augmenter la pression artérielle.
4. **Avoir un mode de vie sédentaire :** Les chiens qui manquent d'exercice sont plus enclins à développer de l'hypertension que ceux qui sont actifs.
5. **Prendre certains médicaments :** Certains médicaments, comme les corticostéroïdes et les inhibiteurs de l'ECA (enzyme de conversion de l'angiotensine), peuvent augmenter la pression artérielle.

<u>**Voici quelques conseils pour prévenir l'hypertension chez votre chien :**</u>

- **Surveiller la pression artérielle de votre chien :** votre vétérinaire peut mesurer la pression artérielle de votre chien lors de ses contrôles de santé. S'il a une pression artérielle élevée, votre vétérinaire peut vous recommander des traitements pour l'abaisser.
- **Suivre les recommandations de votre vétérinaire en matière de traitement :** S'il a été prescrit des médicaments pour abaisser sa pression artérielle, assurez-vous de les lui donner selon les recommandations de votre vétérinaire. Par exemple, si votre vétérinaire vous a recommandé de donner à votre chien un comprimé de lisinopril chaque matin, veillez à respecter cette prescription.
- **Offrir à votre chien une activité physique régulière :** l'exercice régulier peut aider à abaisser la pression artérielle de votre chien. Offrez-lui des promenades quotidiennes et des jeux pour qu'il puisse se dépenser. Vous pouvez par exemple lui offrir de longues promenades, jouer avec lui au frisbee ou lui offrir des jouets interactifs qui l'obligent à faire des efforts physiques.
- **Favoriser une alimentation saine :** une alimentation saine qui contient des ingrédients de qualité et qui est riche en fruits et légumes peut aider à abaisser la pression artérielle de votre chien. Évitez les aliments gras et salés qui peuvent contribuer à l'hypertension. Par exemple, vous pouvez inclure des légumes comme les carottes, les épinards et les pois dans son alimentation.

En suivant ces conseils, vous devriez être en mesure de prévenir l'hypertension chez votre animal de compagnie. N'hésitez pas à demander conseil à votre vétérinaire ou à un diététicien animalier pour obtenir des recommandations plus personnalisées.

Comment mesurer la pression artérielle de votre chien à la maison :

Je peux vous donner des critères à prendre en compte lors du choix d'un appareil de mesure de la pression artérielle pour votre chien :

- **Taille de l'appareil :** choisissez un appareil qui convient à la taille de votre chien. Les appareils de mesure de la pression artérielle pour les chiens sont disponibles dans différentes tailles pour s'adapter aux différentes races de chiens.
- **Facilité d'utilisation :** optez pour un appareil facile à utiliser et à comprendre pour éviter de vous tromper dans la mesure de la pression artérielle de votre chien.
- **Précision :** choisissez un appareil qui est précis et fiable. Vous pouvez consulter les avis des utilisateurs en ligne pour avoir une idée de la précision de l'appareil.

- **Compatibilité :** vérifiez que l'appareil est compatible avec votre ordinateur ou votre téléphone pour faciliter le suivi des résultats de mesure de la pression artérielle de votre chien.
- **Marque :** choisissez un appareil fabriqué par une marque connue et reconnue pour sa qualité et sa fiabilité.

Voici les étapes à suivre pour mesurer la pression artérielle de votre chien à la maison :

1. Tout d'abord, assurez-vous que votre chien est calme et détendu. Vous pouvez le caresser ou lui parler doucement pour l'aider à se détendre.
2. Choisissez un endroit calme et confortable pour effectuer la mesure, par exemple dans une pièce tranquille.
3. Placez le brassard autour de la patte avant de votre chien, juste au-dessus de son coude. Assurez-vous que le brassard est bien ajusté, mais pas trop serré, pour éviter d'affecter la circulation sanguine.
4. Allumez l'appareil de mesure et suivez les instructions du fabricant pour effectuer la mesure de la pression artérielle.
5. Lisez les résultats et notez-les sur un carnet ou dans une application de suivi de la santé de votre chien.

Il est important de noter que la mesure de la pression artérielle chez les chiens peut être difficile à effectuer correctement sans formation ou expérience préalable. Il est donc recommandé de demander conseil à votre vétérinaire avant d'essayer de mesurer la pression artérielle de votre chien à la maison.

Les signes de bonne santé.

Voici quelques exemples concrets de signes qui peuvent indiquer que votre chien est en bonne santé :

1. **Appétit normal :** Un chien en bonne santé a généralement un appétit normal et mange régulièrement. Si votre chien a perdu l'appétit ou s'il mange plus ou moins qu'à l'habitude, cela peut être un signe de problèmes de santé.
2. **Robustesse :** Un chien en bonne santé a une peau et un pelage en bonne condition, sans plaies ouvertes ou parasites visibles.
3. **Bonne digestion :** Un chien en bonne santé a des selles normales et n'est pas constipé ou diarrhéique.
4. **Bonne hydratation :** Un chien en bonne santé boit suffisamment d'eau et n'a pas la langue sèche ou les yeux enfoncés.
5. **Énergie normale :** Un chien en bonne santé a un niveau d'énergie normal pour sa race et son âge. Si votre chien est plus lent ou moins actif qu'à l'habitude, cela peut être un signe de problèmes de santé.
6. **Comportement normal :** Un chien en bonne santé a un comportement normal pour sa race et son âge. Si votre chien est irritable ou a des changements de comportement inhabituels, cela peut être un signe de problèmes de santé.
7. **Bonne haleine :** Un chien en bonne santé a une haleine normale et n'a pas mauvaise haleine ou odeur buccale inhabituelle.

8. **Bonne vision et audition :** Un chien en bonne santé a une bonne vision et une bonne audition, sans signes de perte de vision ou de surdité.
9. **Bonne mobilité :** Un chien en bonne santé a une bonne mobilité et ne montre pas de signes de douleur ou de difficulté à se déplacer.
10. **Bonne température corporelle :** Un chien en bonne santé a une température corporelle normale, généralement comprise entre 38 et 39 degrés Celsius.

Il faut surveiller votre chien pour détecter tout signe de problèmes de santé et de consulter votre vétérinaire si vous avez des inquiétudes. Un suivi régulier de la santé de votre chien peut aider à détecter les problèmes de santé précocement et à les traiter efficacement. Cela peut inclure des visites de suivi chez le vétérinaire, des analyses de sang et des radiographies, ainsi que la surveillance de votre chien pour détecter tout signe de problème de santé. En prenant soin de votre chien de manière proactive et en suivant les recommandations de votre vétérinaire, vous pouvez contribuer à maintenir sa bonne santé et à lui offrir une qualité de vie optimale.

Les signes qui doivent vous alerter.

Il y a plusieurs signes qui peuvent vous alerter que votre chien n'est pas en bonne santé et qui devraient vous inciter à consulter un vétérinaire. Voici quelques exemples :

1. **Perte d'appétit :** Si votre chien perd l'appétit ou mange moins qu'à l'habitude, cela peut être un signe de problèmes de santé. Par exemple, une infection, une inflammation ou une douleur peuvent toutes causer une perte d'appétit chez un chien.
2. **Modifications de selles ou d'urine :** Des selles molles, diarrhéiques ou constipées ou une augmentation ou une diminution de la fréquence des mictions peuvent être des signes de problèmes de santé. Par exemple, une infection, une inflammation ou une maladie rénale peuvent toutes causer des modifications de selles ou d'urine.

Les modifications de selles ou d'urine chez un chien peuvent indiquer une anomalie, une infection ou une maladie. Voici quelques signes à surveiller :

Modifications de selles :
- **Diarrhée :** selles liquides et fréquentes
- **Constipation :** selles dures et difficiles à évacuer
- **Présence de sang dans les selles :** peut indiquer une infection ou une inflammation dans les intestins
- **Selles noires et goudronneuses :** peut indiquer un saignement dans l'estomac ou les intestins
- **Selles pâles :** peut indiquer un problème de foie ou de vésicule biliaire

Modifications d'urine :
- **Urine foncée :** peut indiquer une déshydratation ou un problème rénal
- **Urine claire :** peut indiquer une diurèse excessive ou une consommation excessive d'eau

- **Présence de sang dans l'urine** : peut indiquer une infection ou une inflammation des voies urinaires
- **Incontinence urinaire** : perte involontaire d'urine, peut indiquer un problème de vessie ou de contrôle des sphincters
- **Augmentation de la fréquence d'urination** : peut indiquer une infection urinaire ou une maladie rénale

Vous devez surveiller les selles et l'urine de votre chien et de consulter un vétérinaire si vous remarquez des changements dans leur apparence, leur fréquence ou leur odeur.

3. **Perte de poids** : Une perte de poids soudaine ou significative peut être un signe de problèmes de santé. Par exemple, une maladie, une infection ou une insuffisance organique peuvent toutes causer une perte de poids.
4. **Modifications de comportement** : Des changements de comportement inhabituels, comme de l'irritabilité, de l'agitation ou de la léthargie, peuvent être des signes de problèmes de santé. Par exemple, une douleur, une infection ou une maladie mentale peuvent toutes causer des modifications de comportement.

Voici quelques exemples de modifications de comportement qui peuvent être des signes de problèmes de santé chez un chien :

1. **Irritabilité ou agressivité** : si votre chien est soudainement plus irritable ou agressif, cela peut être le signe d'une douleur ou d'un malaise physique ou mental. Il est important de consulter un vétérinaire pour exclure toute cause médicale sous-jacente.
2. **Léthargie** : si votre chien est anormalement calme et léthargique, cela peut être le signe d'une maladie ou d'un problème de santé sous-jacent. Vous devez surveiller attentivement les autres signes et symptômes de maladie chez votre chien.
3. **Changements d'appétit** : si votre chien perd soudainement l'appétit ou mange plus que d'habitude, cela peut être le signe d'une maladie ou d'un problème de santé sous-jacent.
4. **Changements de comportement lors de la miction ou des selles** : si votre chien commence à uriner ou à déféquer à des endroits inhabituels ou montre des signes de douleur ou de malaise lors de ces activités, cela peut indiquer un problème de santé.
5. **Changements dans les habitudes de sommeil** : si votre chien a des difficultés à dormir, se réveille souvent ou semble avoir un sommeil agité, cela peut être le signe d'un problème de santé sous-jacent.
6. **Changements dans les habitudes d'activité** : si votre chien est soudainement moins actif ou moins intéressé par les activités qu'il aimait auparavant, cela peut être le signe d'une maladie ou d'un problème de santé sous-jacent.

5. **Blessures ou lésions** : Des blessures ou des lésions qui ne guérissent pas ou qui s'aggravent peuvent être un signe de problèmes de santé. Par exemple, une infection, une maladie de peau ou une tumeur peuvent toutes causer des blessures ou des lésions qui ne guérissent pas.

6. **Mauvaise haleine ou odeur buccale inhabituelle :** Une mauvaise haleine ou une odeur buccale inhabituelle peuvent être des signes de problèmes de santé, tels que des infections ou des problèmes dentaires.
7. **Changements de pelage ou de peau :** Des changements de pelage ou de peau, comme un pelage terne, un pelage qui tombe ou une peau sèche ou irritée, peuvent être des signes de problèmes de santé, tels que des allergies, des parasites ou des problèmes de thyroïde.
8. **Toux, éternuements ou autres problèmes respiratoires :** Des toux, des éternuements ou d'autres problèmes respiratoires peuvent être des signes de problèmes de santé, tels que des infections, des allergies ou des maladies cardiaques.
9. **Douleur ou inconfort :** De la douleur ou de l'inconfort, comme des gémissements, des pleurs ou des difficultés à se déplacer, peuvent être des signes de problèmes de santé, tels que des articulations douloureuses, des infections ou des problèmes de dos.

Vous devez surveiller votre chien pour détecter tout signe de problèmes de santé et de consulter votre vétérinaire si vous avez des inquiétudes. Un traitement précoce peut aider à gérer efficacement de nombreux problèmes de santé et à maintenir une bonne santé en général.

Quelle température peut supporter le Chihuahua ?

Le Chihuahua est plus sensible aux températures extrêmes en raison de sa petite taille et de son faible taux de graisse corporelle. Voici quelques conseils pour aider votre Chihuahua à rester confortable par temps froid et chaud :

Températures Froides :
- Le Chihuahua est sensible au froid. Il est recommandé de le protéger avec un manteau ou un pull lorsqu'il fait froid.
- Limitez le temps passé à l'extérieur par temps froid et assurez-vous qu'il ait un endroit chaud et abrité pour se reposer à l'intérieur.
- Évitez les courants d'air et les sols froids pour prévenir les problèmes de santé.

Températures Chaudes :
- Le Chihuahua est sensible à la chaleur. Assurez-vous qu'il ait toujours accès à de l'eau fraîche et propre.
- Limitez les activités extérieures pendant les heures les plus chaudes de la journée et privilégiez les promenades tôt le matin ou en soirée.
- Gardez votre Chihuahua à l'ombre et offrez-lui des endroits frais pour se reposer à l'intérieur.

Conseils pour l'été :
- Ne laissez jamais votre Chihuahua dans une voiture garée, même avec les fenêtres entrouvertes, car la température à l'intérieur peut augmenter rapidement et causer un coup de chaleur.
- Utilisez un tapis rafraîchissant ou un ventilateur pour aider votre chien à rester au frais à l'intérieur.
- Surveillez les signes de surchauffe, tels que halètement excessif, léthargie ou salivation excessive, et consultez un vétérinaire en cas de besoin.

En suivant ces conseils, vous pouvez aider votre Chihuahua à rester à l'aise et en bonne santé, quelles que soient les conditions météorologiques.

Les soins de base.

Les Chihuahuas sont des chiens intelligents et énergiques qui nécessitent des soins et de l'attention pour rester en bonne santé à chaque étape de leur vie. Voici les besoins de santé et de soins à prendre en compte pour chaque étape de la vie de votre chien Chihuahua:

Quand il est chiot :

- **Vaccinations** : Les chiots ont besoin de plusieurs vaccinations pour se protéger contre les maladies et les infections courantes. Votre vétérinaire vous recommandera un calendrier de vaccination adapté à l'âge et aux besoins de votre chiot.
- **Vermifugation** : Les chiots ont besoin de vermifuges pour éliminer les parasites internes, tels que les vers intestinaux. Votre vétérinaire vous recommandera un calendrier de vermifugation adapté à l'âge et aux besoins de votre chiot.
- **Stérilisation ou castration** : Si vous ne prévoyez pas de faire reproduire votre chien, envisagez la stérilisation ou la castration. Cela peut aider à prévenir certaines maladies et comportements indésirables.
- **Formation et socialisation** : Les chiots nécessitent une formation et une socialisation appropriées pour devenir des chiens bien équilibrés. Inscrivez votre chiot à des cours de formation et organisez des rencontres sociales avec d'autres chiens et personnes.
- **Nutrition** : Les chiots de grande race, comme les Chihuahuas, ont des besoins nutritionnels spécifiques. Fournissez une alimentation adaptée pour éviter les problèmes de croissance.

Quand il est adulte:

Pour un chien adulte, les mêmes besoins de santé et de soins s'appliquent. Voici quelques détails à prendre en compte pour chaque étape de la vie de votre chien :

- **Régime alimentaire** : Assurez-vous de lui donner une alimentation équilibrée en fonction de sa taille, de son poids et de son niveau d'activité.
- **Vaccinations** : Gardez ses vaccinations à jour pour le protéger contre les maladies courantes. Votre vétérinaire vous conseillera sur le calendrier de vaccination approprié.
- **Vermifugation** : Effectuez régulièrement des traitements vermifuges pour éliminer les parasites internes.
- **Soins dentaires** : Veillez à ses soins dentaires réguliers pour prévenir les problèmes dentaires. Cela peut inclure des brossages de dents et des nettoyages professionnels.
- **Exercice et activité physique** : Assurez-vous qu'il ait suffisamment d'exercice pour maintenir sa santé physique et mentale. Des promenades quotidiennes et des activités stimulantes sont essentielles.

- ✔ **Santé :** Surveillez spécifiquement sa santé articulaire, car les Chihuahua peuvent être sujets à certaines conditions.

Quand il est âgé:

Quand elle est âgée, cette race a également besoin de soins supplémentaires pour maintenir sa santé et son bien-être. Voici quelques-uns des besoins de santé et de soins à prendre en compte pour chaque étape de la vie de votre chien :

- ✔ **Visites vétérinaires :** Les chiens âgés nécessitent des visites chez le vétérinaire plus fréquentes pour surveiller leur santé et détecter tout problème précocement.
- ✔ **Soins dentaires :** Les problèmes dentaires peuvent être plus fréquents chez les chiens âgés, donc veillez à des soins dentaires réguliers.
- ✔ **Alimentation adaptée :** Choisissez une nourriture adaptée aux besoins de votre chien âgé, en consultant votre vétérinaire.
- ✔ **Exercice modéré :** Offrez-lui des promenades modérées et des activités adaptées à son niveau d'énergie et de mobilité.
- ✔ **Santé :** Prévenez les problèmes de mobilité et d'arthrite en lui offrant un exercice adapté à son état de santé.

Un programme de soins adapté à chaque étape de la vie de votre Chihuahua est essentiel pour garantir son bien-être à long terme. Discutez avec votre vétérinaire pour toute question ou préoccupation concernant les soins et la santé de votre chien. Avec les bons soins, vous pouvez aider ami à mener une vie heureuse et en bonne santé.

Toilettage et soins complets.

Le toilettage et les soins complets pour un Chihuahua comprennent plusieurs éléments importants pour maintenir la santé et l'apparence de votre chien. Ces soins incluent le toilettage du pelage, des dents, des griffes, des oreilles et du visage. Il est recommandé de faire toiletter votre Chihuahua par un professionnel de confiance pour s'assurer que les soins sont effectués de manière adéquate et en toute sécurité, ou de vous entraîner pour les faire par vous-même en suivant les étapes détaillées dans ce livre. Ces soins peuvent être coûteux, mais ils sont essentiels pour maintenir la santé et l'apparence de votre chien

De quoi ai-je besoin ?

Voici la liste des outils que vous devriez avoir pour prendre soin de votre Chihuahua :

- ✓ **Brosse à poils doux** : pour brosser la fourrure de votre chien et éliminer les poils morts. Choisissez la brosse adaptée au poil de votre Chihuahua. Celui-ci possède une double couche de poils, avec un sous-poil dense et un poil de couverture plus long. Une brosse à épingles ou une brosse Furminator peut être utilisée pour éliminer les poils morts et les nœuds plus facilement.
- ✓ **Shampooing pour chiens** : pour donner un bain à votre chien et garder sa peau et sa fourrure en bonne santé. Comment choisir un bon shampoing pour Chihuahua? Les principales qualités préconisées pour un bon shampoing canin vont être les suivantes :
  - Nettoyant et léger (non irritant) ;
  - PH dans la fourchette de 5,5 jusqu'à 7,2 qui sera proche de celui de la peau du Chihuahua;
  - Régulateur de la production de pellicule et de graisse cutanée (lorsque c'est nécessaire);
  - Anti-bactérien, anti-fongique, antiparasitaire ; et obligatoirement hydratant.
- ✓ **Brosse à dents pour chiens** : pour nettoyer les dents de votre chien et prévenir les problèmes dentaires.
- ✓ **Dentifrice pour chiens** : pour aider à nettoyer les dents de votre chien et à prévenir les problèmes dentaires.

> **Bon à savoir** : si l'utilisation d'une brosse à dents pour humain est tolérée, n'utilisez jamais votre dentifrice pour un chien. Les dentifrices pour humains sont très peu agréables pour le chien, et ne sont pas du tout conçus pour être digérés. En conséquence, votre chien risquerait de souffrir de problèmes digestifs importants.

- **Coupe-griffes** : pour couper les griffes de votre chien de manière sécuritaire. Les griffes du Chihuahua sont plus épaisses et plus dures que celles des autres chiens, il est donc important d'utiliser un coupe-griffes adapté à leur taille et leur épaisseur.

Toilettage du pelage :

Les Chihuahuas possèdent un pelage double dense qui nécessite un toilettage régulier pour éviter les nœuds et les enchevêtrements. Ce pelage double se compose d'un sous-poil épais et duveteux sous une couche de poils de couverture plus longs et rêches.

Quelle brosse choisir ?

Le choix de la meilleure brosse pour votre Chihuahua dépend de plusieurs facteurs, notamment :

Le type de pelage:

- **Double pelage:** En raison de son pelage double, une brosse efficace doit pouvoir atteindre à la fois le sous-poil et les poils de couverture.
- **Saison :** La mue du Chihuahua se produit généralement deux fois par an, au printemps et à l'automne, nécessitant un brossage plus fréquent pendant ces périodes.

Différents types de brosses:

- **Cardes :** Idéales pour éliminer le sous-poil mort et prévenir les nœuds.
- **Brosses lisses :** Pour démêler le poil de couverture et lisser le pelage.
- **Peignes :** Utiles pour éliminer les saletés et les parasites et pour démêler les zones difficiles.
- **Brosses à picots :** Pour masser la peau et stimuler la circulation sanguine.

Voici quelques brosses recommandées pour Le Chihuahua:

- **Cardes:**
    - **FURminator Undercoat Deshedding Tool:** Élimine efficacement le sous-poil mort et réduit la mue.
    - **Oster ShedMonster Deshedding Tool :** Efficace pour éliminer le sous-poil et disponible en différentes tailles.
- **Lisses:**
    - **Andis Pet Steel Grooming Comb:** Ce peigne en acier inoxydable est durable et permet de démêler le poil de couverture en douceur.
    - **Mars Coat King Slicker Brush:** Cette brosse lisse le pelage et donne de la brillance.
- **Peignes:**
    - **Greyhound Comb:** Ce peigne à dents larges est idéal pour démêler les zones difficiles et pour éliminer les saletés et les parasites.
    - **Safari Pin Brush:** Cette brosse à picots stimule la circulation sanguine et masse la peau.

Conseils pour brosser votre Chihuahua:

- Brossez votre chien régulièrement, au moins 2 à 3 fois par semaine. Cela peut varier selon la longueur du poil. Plus le poil est long, plus le brossage fréquent est nécessaire.
- Pour les chiens à poils ras comme les chiens nus (chinese crested dog, xoloitzcuintli), l'utilisation d'une lingette humide peut suffire en remplacement de la brosse.
- La vérification des yeux, des oreilles et des pattes fait partie intégrante du brossage quel que soit le type de chien.

- Les conseils de toilettage par un professionnel sont toujours pertinents, surtout pour les races à toilettage spécifique (caniches, bichons, terriers à poil dur...).
- Brosser plus souvent pendant la mue.
- Commencez par brosser le dos, puis les côtés et le ventre.
- Terminez par les pattes et la queue.
- Utilisez une brosse adaptée au type de pelage de votre chien.
- Brossez dans le sens du poil.
- Pendant le brossage, vérifiez également les oreilles, les yeux et les pattes de votre chien pour vous assurer qu'il n'y a pas de problèmes de santé ou de parasites.
- N'hésitez pas à demander conseil à votre toiletteur canin.

En brossant votre Chihuahua régulièrement, vous l'aiderez à garder un pelage sain et propre, et vous réduirez la quantité de poils qu'il perd.

Voici comment effectuer ce soin en détail :

1. Avant de commencer à toiletter votre chien, commencez par le brosser pour enlever les poils morts et les nœuds.
2. Commencez par la tête et travaillez votre chemin vers le bas du corps de votre chien, en passant par la poitrine, le ventre et les pattes.
3. Brossez les oreilles de votre chien en les soulevant délicatement et en brossant doucement les poils à l'intérieur.
4. Brossez les pattes de votre chien en les soulevant et en brossant doucement les poils entre les doigts.

Brossage de chiens à poils courts et mi-longs :

- Pour brosser un chien à poil court ou mi-long, il est recommandé de commencer en utilisant un peigne à dents fines pour vérifier si le chien a des nœuds. Cela permet de localiser les zones où le poil est le plus emmêlé et de les traiter en premier.
- Ensuite, il est conseillé d'utiliser un produit hydratant comme L'huile de coco ,Les baumes hydratants ou Les sprays hydratants pour chiens , Les shampooings hydratants pour chiens pour aider à protéger le poil et à le maintenir en bonne condition. Il est important de bien mouiller le poil du chien avant d'appliquer le produit, afin qu'il pénètre bien.
- Pour brosser le poil du chien, il est recommandé de commencer par les pattes. On doit prendre les poils vers le haut et brosser par couches, en utilisant un peigne à dents fines. Si vous trouvez un nœud, il ne faut pas tirer dessus avec le peigne, car cela pourrait casser le poil. Au lieu de cela, il faut défaire le nœud avec les doigts et passer à nouveau le peigne une fois qu'il est complètement défait. Il ne faut pas toucher directement la peau du chien et de brosser doucement.
- Une fois que vous avez terminé de brosser le poil du chien, il est recommandé de vérifier à nouveau que le poil est exempt de nœuds. Si vous trouvez encore des nœuds, il faut les défaire avec les doigts et passer à nouveau le peigne. Enfin, il est conseillé de peigner la robe du chien pour vérifier qu'il n'y a pas de deux.

Brossage de chiens à poils longs :

- ✔ Pour brosser un chien à poil long, il est recommandé de commencer en utilisant une brosse plate et un peigne plat pour vérifier si le chien a des nœuds. Cela permet de localiser les zones où le poil est le plus emmêlé et de les traiter en premier.
- ✔ Ensuite, il est conseillé d'utiliser un produit hydratant, qui aidera à protéger le poil et à faciliter le brossage. Il est important de bien mouiller le poil du chien avant d'appliquer le produit, afin qu'il pénètre bien.
- ✔ Pour brosser le poil du chien, il est recommandé de commencer par les pattes. On doit prendre les poils vers le haut et brosser par couches, en utilisant une brosse plate. Si vous trouvez un nœud, il ne faut pas tirer dessus avec la brosse, car cela pourrait casser le poil. Au lieu de cela, il faut défaire le nœud avec les doigts et passer à nouveau la brosse une fois qu'il est complètement défait. Il ne faut pas toucher directement la peau du chien et de brosser doucement.
- ✔ La queue, qui a généralement le poil le plus long, doit être brossée en couches. On doit appliquer un peu de produit hydratant sur le poil et brosser délicatement, en faisant attention à ne pas tirer sur les poils.
- ✔ Une fois que vous avez terminé de brosser le poil du chien, il est recommandé de vérifier à nouveau que le poil est exempt de nœuds. Si vous trouvez encore des nœuds, il faut les défaire avec les doigts et passer à nouveau la brosse. Enfin, il est conseillé de peigner la robe du chien pour vérifier qu'il n'y a pas de deux.

Que faire si le chien refuse :

S'il refuse de se laisser brosser, il est possible qu'il ait peur ou qu'il ne soit pas habitué à cette routine. Voici quelques conseils pour aider à habituer votre chien au brossage :

- ✔ Commencez à brosser votre chien lorsqu'il est jeune, afin qu'il s'habitue à cette routine.
- ✔ Faites des séances de brossage courtes et positives, en récompensant votre chien avec des friandises et des caresses pendant et après le brossage.
- ✔ Utilisez une brosse à poils doux et une pression douce pour brosser son pelage.
- ✔ S'il a peur de la brosse, vous pouvez essayer de lui faire toucher la brosse avec son museau et de le récompenser lorsqu'il le fait, avant de passer à des séances de brossage plus longues.
- ✔ S'il refuse toujours de se laisser brosser, vous pouvez essayer de lui offrir une distraction, comme un jouet à mâcher, pendant que vous le brosser.
- ✔ Si vous avez du mal à le brosser ou si vous avez des inquiétudes quant à sa santé, consultez un vétérinaire pour obtenir des conseils et des recommandations.

En résumé, le toilettage du pelage de votre chien est essentiel pour maintenir sa santé et prévenir les nœuds et les enchevêtrements. Il est important de choisir la bonne brosse en fonction de la longueur de son poil et de brosser régulièrement son pelage en utilisant des produits adaptés pour faciliter le brossage et protéger le poil. Si votre chien refuse de se laisser brosser, il est recommandé d'habituer votre chien à cette routine dès son plus jeune âge et de faire des séances de brossage courtes et positives en le récompensant avec des friandises et des caresses. Si vous avez des inquiétudes ou des difficultés pour le brosser, n'hésitez pas à consulter un vétérinaire pour obtenir des conseils personnalisés.

Comment faire face à la perte de poils ?

Il y a plusieurs raisons pour lesquelles votre chien peut perdre ses poils :

1. **La mue** : Tous les chiens mues plus ou moins fréquemment, en fonction de leur race et de leur âge. La mue est un processus normal de renouvellement des poils qui peut entraîner une perte de poils temporaire.
2. **La nourriture** : Une alimentation inadéquate peut affecter la qualité de sa peau et de ses poils et entraîner une perte de poils. Assurez-vous qu'il reçoit une nourriture de qualité et une quantité suffisante d'eau.
3. **Les parasites** : Les parasites tels que les puces et les tiques peuvent causer une perte de poils chez votre chien en provoquant une irritation de la peau. Utilisez un traitement antiparasitaire pour éliminer les parasites de votre chien.
4. **Le stress** : Le stress peut causer une perte de poils chez votre chien. Essayez de réduire le stress de votre chien en lui offrant suffisamment d'exercice, de temps de jeu et d'interactions sociales.
5. **Les problèmes de santé** : Certaines maladies ou conditions médicales peuvent causer une perte de poils chez votre chien, comme les allergies, les infections de la peau ou les troubles hormonaux.

Il existe plusieurs façons de faire face à la perte de poils de chien et à l'état "poil partout" dans votre maison :

1. **Brosser votre chien régulièrement** : La brosse régulière de votre chien peut aider à éliminer les poils morts et à réduire la quantité de poils qui se retrouvent dans votre maison. Il faut choisir une brosse adaptée à la race et à la longueur de la fourrure de votre chien. Les brosses à picots sont souvent recommandées pour les chiens à poils longs, tandis que les brosses à dents larges sont mieux adaptées aux chiens à poils courts. Brossez-le au moins une fois par semaine peut aider à réduire la quantité de poils qui se retrouvent dans votre maison.
2. **Utiliser une brosse à poils rétractables** : Ces brosses ont des poils qui se rétractent lorsqu'on les utilise, ce qui permet d'enlever efficacement les poils morts de la fourrure de votre chien sans laisser de poils sur votre tapis ou vos vêtements. Elles sont particulièrement utiles pour les chiens à poils longs, qui peuvent perdre beaucoup de poils.
3. **Utiliser un aspirateur à poils de chien** : Il existe des aspirateurs conçus spécialement pour enlever les poils de chien de vos tapis, coussins et autres tissus. Ces aspirateurs ont des filtres qui peuvent capturer les poils de chien et les empêcher de se retrouver dans le sac ou le conteneur à poussière. Utiliser un aspirateur à poils de chien peut être particulièrement utile pour les chiens à poils longs ou qui perdent beaucoup de poils.
4. **Investir dans des couvertures et des coussins pour votre chien** : Utiliser des couvertures et des coussins qui peuvent être lavés facilement vous permettra de garder votre maison propre sans avoir à passer du temps à nettoyer les poils de chien. Vous pouvez utiliser ces couvertures

et coussins dans les endroits où il a l'habitude de se reposer, comme son panier ou son coussin, pour empêcher les poils de se retrouver sur vos tapis et coussins.

5. **Nettoyer régulièrement les surfaces de votre maison :** Utiliser un aspirateur ou un balai pour enlever les poils de chien des surfaces de votre maison (comme les tapis et les coussins) peut aider à réduire l'accumulation de poils. Si vous remarquez que certains endroits de votre maison sont particulièrement sujets à l'accumulation de poils de chien, vous pouvez essayer de les nettoyer plus souvent ou d'utiliser un aspirateur à poils de chien pour enlever les poils plus facilement. Il est également important de changer régulièrement les filtres de votre aspirateur pour maintenir une bonne performance et éviter que les poils de chien ne s'accumulent dans le moteur ou les tuyaux.

6. **Les gants en caoutchouc :** si vous avez du mal à vous débarrasser des poils de chien qui sont collés à certaines surfaces, vous pouvez essayer d'utiliser une paire de gants en caoutchouc pour essuyer les poils. Les gants en caoutchouc ont une surface rugueuse qui peut aider à enlever les poils de chien qui sont difficiles à retirer avec un balai ou un aspirateur.

Il faut noter que la perte de poils peut être un signe de problèmes de santé chez votre chien. Si vous remarquez une perte de poils excessive ou soudaine, il est recommandé de consulter un vétérinaire pour déterminer la cause et trouver un traitement approprié.

Donnez un bain à votre chien.

Les Chihuahua ont un pelage dense et double, ce qui nécessite une attention particulière lors du bain. Il est crucial d'utiliser un shampooing doux spécialement conçu pour les chiens afin de ne pas perturber l'équilibre naturel de leur peau et de leur pelage. Veillez à éviter de saturer leur sous-poil lors du shampooing, car cela pourrait compliquer le processus de séchage.

- **Fréquence des bains :** La fréquence des bains pour votre Chihuahua peut varier en fonction de son mode de vie. En règle générale, un bain tous les deux à trois mois est suffisant pour la plupart des chiens de cette race. Cependant, si votre chien aime jouer à l'extérieur et se salir fréquemment, vous pourriez avoir besoin de le laver plus régulièrement.
- **Choix du shampooing :** Optez toujours pour un shampooing spécialement formulé pour les chiens, adapté au type de pelage et à la sensibilité de la peau de votre Chihuahua. Évitez d'utiliser des produits destinés aux humains, car ils pourraient irriter la peau de votre chien.

  - Choisissez un shampooing doux et adapté aux chiens. Évitez les shampooings pour humains qui peuvent être trop agressifs.
  - Optez pour des formules hypoallergéniques et sans parfum, Le Chihuahua ayant souvent la peau sensible.
  - Pour un Chihuahua au pelage court et brillant, préférez des shampooings nourrissants à base de beurre de karité, Aloe Vera ou saumon. Ils apporteront douceur et éclat.
  - Si votre chien a tendance aux démangeaisons ou infections, orientez-vous vers des shampooings apaisants à base de bouleau blanc ou de Teatree aux propriétés purifiantes.
  - Pour un Chihuahua ayant un pelage terne ou abîmé, vous pouvez également vous tourner vers des shampooings revitalisants contenant des protéines de soie ou du jojoba.
  - Effectuez toujours un premier rinçage, shampouinez, puis rincez abondamment. Séchez soigneusement

  -
- **Rinçage :** Après l'application du shampooing, assurez-vous de bien rincer le pelage de votre Chihuahua pour éliminer tout résidu de produit. Un rinçage complet est essentiel pour éviter les irritations cutanées. Vous pouvez utiliser une douche ou un tuyau d'arrosage pour le rinçage, mais veillez à ce que l'eau ne soit pas trop chaude pour ne pas brûler la peau de votre chien.

<u>**Voici comment procéder :**</u>
1. Remplissez une baignoire ou une douche avec de l'eau chaude (mais pas trop chaude) et ajoutez une petite quantité de shampooing pour chiens.
2. Placez votre chien dans l'eau et massez doucement le shampooing dans sa fourrure en commençant par le dos et en travaillant votre chemin vers les pattes.
3. Assurez-vous de bien rincer le shampooing de votre chien pour éviter les irritations de la peau.
4. Séchez votre chien en le frictionnant avec une serviette ou en utilisant un sèche-cheveux réglé sur une température basse.
5. Évitez de mouiller la tête de votre chien, car l'eau et le shampooing peuvent entrer dans ses yeux et ses oreilles et causer des irritations. Utilisez une éponge humide pour nettoyer le visage de votre chien si nécessaire.
6. Utilisez un tapis antidérapant dans la baignoire ou la douche pour éviter que votre chien ne glisse.

7. Si votre chien est nerveux ou anxieux pendant le bain, parlez-lui d'une voix calme et rassurante et récompensez-le avec des friandises pour chiens.
8. Si vous utilisez un sèche-cheveux, utilisez-le à basse température pour éviter de brûler la peau de votre chien.
9. Si votre chien est très sale ou a des problèmes de peau, demandez conseil à votre vétérinaire avant de lui donner un bain

Que faire si le chien refuse ?

S'il refuse de prendre le bain, il est possible qu'il ait peur de l'eau ou qu'il ne soit pas habitué à cette routine. Voici quelques conseils pour aider à habituer votre chien au bain:

1. Commencez à donner des bains à votre chien lorsqu'il est jeune, afin qu'il s'habitue à cette routine.
2. Faites des bains court et positifs, en récompensant votre chien avec des friandises et des caresses pendant et après le bain.
3. Utilisez de l'eau tiède et assurez-vous de ne pas mettre la tête de votre chien sous l'eau.
4. S'il a peur de l'eau, vous pouvez essayer de lui mettre une chemise de bain ou un manteau de bain pour le protéger et le réconforter pendant le bain.
5. S'il refuse toujours de prendre le bain, vous pouvez essayer de lui offrir une distraction, comme un jouet à mâcher, pendant que vous le lavez.
6. Si vous avez du mal à donner un bain à votre chien ou si vous avez des inquiétudes quant à sa santé, consultez un vétérinaire pour obtenir des conseils et des recommandations.
7. Commencez par lui faire sentir le shampooing et l'eau, sans le plonger directement dans la baignoire. Cela peut aider à réduire son anxiété.
8. Récompensez votre chien avec des friandises et des caresses tout au long du processus pour l'encourager et renforcer un comportement positif.
9. Utilisez une baignoire ou une douche peu profonde pour permettre à votre chien de se sentir plus en sécurité et à l'aise.
10. Essayez d'associer le bain avec une activité agréable pour votre chien, comme une promenade ou un jeu.
11. Si votre chien est très réticent, consultez un dresseur canin ou un vétérinaire pour obtenir des conseils et de l'aide.

Il est important de ne jamais forcer votre chien à prendre un bain, car cela pourrait aggraver son anxiété et rendre la situation plus difficile à l'avenir

Brossage des dents.

Les problèmes dentaires sont fréquents chez les chiens, en particulier chez les chiens âgés. Pour prévenir les problèmes dentaires, brossez les dents de votre chien au moins une fois par semaine avec une brosse à dents et du dentifrice spécialement conçu pour les chiens. Vous pouvez également utiliser des bâtonnets ou des os à mâcher pour aider à nettoyer les dents de votre chien. Si vous remarquez qu'il a des problèmes dentaires, comme des dents pourries ou des gencives enflées, emmenez-le chez le vétérinaire pour qu'il puisse être traité.

Voici comment faire:

- Achetez une brosse à dents et du dentifrice spécialement conçus pour les chiens. Ne pas utiliser de dentifrice humain, car il peut être toxique pour les chiens.
- Placez votre chien sur une surface stable et sécurisée, comme une table ou une surface de toilette pour chiens.
- Désensibiliser le chien à la manipulation de sa bouche en le récompensant avec des gâteries lorsqu'il accepte de se laisser toucher le museau.
- Progresser en touchant les dents et en levant les babines du chien avec le doigt, puis en utilisant une petite brosse à dents en tissu pour frotter les dents avec de la pâte à dents aromatisée.
- Ouvrez sa bouche en douceur et placez la brosse à dents sur ses dents. Utilisez des mouvements circulaires et une pression douce pour brosser les dents et les gencives de votre chien.
- Brossez chaque dent individuellement et assurez-vous de nettoyer toutes les surfaces de la dent, y compris les surfaces latérales et la surface de la gencive.
- Une fois que vous avez brossé toutes les dents de votre chien, rincez sa bouche avec de l'eau et donnez-lui à boire pour qu'il puisse se rincer la bouche.
- N'oubliez pas de continuer de récompenser le chien avec des gâteries pendant le brossage des dents pour le rendre plus confortable.
- Graduellement augmenter la durée et la fréquence des séances de brossage de dents, en utilisant une vraie brosse à dents si nécessaire.
- Maintenir une routine régulière de brossage de dents pour maintenir la santé bucco-dentaire de votre chien.
- Commencez à brosser ses dents lorsqu'il est jeune, afin qu'il s'habitue à cette routine.

Que faire si le chien refuse ?

S'il refuse de se laisser brosser les dents, il est possible qu'il ait peur ou qu'il ne soit pas habitué à cette routine. Voici quelques conseils pour aider à habituer votre chien au brossage des dents :

- Commencez à brosser ses dents lorsqu'il est jeune, afin qu'il s'habitue à cette routine.
- Faites des séances de brossage de dents courtes et positives, en récompensant votre chien avec des friandises et des caresses pendant et après le brossage.
- Utilisez une brosse à dents et du dentifrice spécialement conçus pour les chiens et assurez-vous de ne pas exercer de pression trop forte sur les dents et les gencives de votre chien.
- S'il refuse toujours de se laisser brosser les dents, vous pouvez essayer de lui donner des jouets à mâcher qui aident à nettoyer les dents et à réduire la plaque dentaire. Vous pouvez également essayer de lui donner des croquettes ou de la nourriture spécialement conçues pour aider à nettoyer les dents.
- Commencez par habituer votre chien à la manipulation de sa bouche en lui donnant des gâteries et en le récompensant lorsqu'il accepte de se laisser toucher le museau.

- Essayez d'introduire progressivement la brosse à dents en utilisant d'abord une petite brosse à dents en tissu pour frotter les dents avec de la pâte à dents aromatisée, puis en passant à une vraie brosse à dents lorsque votre chien est plus à l'aise.
- Commencez par brosser les dents de votre chien pendant de courtes périodes et augmentez progressivement la durée de chaque session.
- Récompensez toujours votre chien avec des gâteries pendant et après le brossage des dents pour le rendre plus confortable.
- Si votre chien refuse toujours de se laisser brosser les dents, consultez votre vétérinaire pour des conseils supplémentaires et des recommandations.

Vous devez brosser régulièrement les dents de votre chien pour maintenir sa santé bucco-dentaire et prévenir la formation de tartre et de maladies des gencives. S'il refuse de se laisser brosser les dents, il est recommandé de trouver des moyens de l'habituer à cette routine et de demander l'aide d'un vétérinaire si nécessaire.

Il a mauvaise odeur même après le bain.

Il y a plusieurs raisons pour lesquelles un chien peut avoir une mauvaise odeur même après avoir pris un bain. Voici quelques actions à prendre pour résoudre ce problème :

1. **Vérifie-s'il y a une infection de l'oreille ou une irritation de la peau.** S'il a une infection de l'oreille ou une irritation de la peau, il peut sentir mauvais même après un bain. Consultez votre vétérinaire pour un traitement approprié.
2. **Examinez la qualité de l'eau et du savon utilisés.** Si l'eau est trop chaude ou le savon trop agressif, cela peut irriter sa peau et lui donner une mauvaise odeur. Utilisez de l'eau tiède et un savon doux pour le bain de votre chien.
3. **Surveillez l'alimentation de votre chien.** Une alimentation inadéquate peut affecter la qualité de la peau et des poils de votre chien et entraîner une mauvaise odeur. Assurez-vous qu'il reçoit une nourriture de qualité et une quantité suffisante d'eau.
4. **Brossez régulièrement les poils de votre chien.** La mue et les poils morts peuvent entraîner une mauvaise odeur si vous ne les enlevez pas régulièrement. Brossez votre chien au moins une fois par semaine pour éliminer les poils morts et améliorer la circulation sanguine de la peau.
5. **Utilisez un après-shampooing ou un conditionneur de qualité** pour aider à démêler les poils et à les laisser doux et brillants. Cela peut aider à prévenir l'accumulation de poils morts et à améliorer l'odeur de votre chien.
6. **Utilisez un spray d'odeur de boules de neige** ou d'autres produits similaires sur ses poils pour masquer les odeurs désagréables.
7. **Utilisez des huiles essentielles comme la lavande**, le tea tree ou le romarin sur les poils de votre chien pour masquer les odeurs désagréables.
8. **Utilisez des brosses de massage aromatiques** qui libèrent de l'huile essentielle lorsque vous brossez votre chien pour masquer les odeurs désagréables.

Il faut noter que ces mesures ne résoudront pas le problème de fond de la mauvaise odeur de votre chien et ne remplaceront pas un traitement médical si nécessaire. Si vous constatez que la mauvaise odeur persiste malgré ces mesures, il est recommandé de consulter un vétérinaire pour obtenir un diagnostic et un traitement approprié.

Coupez les griffes.

La coupe des griffes est également essentielle pour Chihuahua. Cependant, cette race est généralement très active et a tendance à user naturellement ses griffes grâce à ses activités physiques. Assurez-vous que les griffes ne deviennent pas trop longues pour éviter tout inconfort lors de la marche ou des activités. Soyez attentif à la couleur des griffes : si elles sont claires, vous pourrez voir la partie vivante (vaisseaux sanguins), mais si elles sont foncées, il peut être plus difficile de déterminer où couper. Dans ce cas, faites preuve de prudence ou demandez l'aide d'un professionnel.

- Vous devez d'abord le laisser se familiariser avec les ciseaux, et qu'il les associe à des stimuli positifs en le laissant les renifler tout en le récompensant. Cette étape doit durer quelques jours
- S'il ne marche pas beaucoup sur des surfaces dures, ses griffes peuvent devenir trop longues. Pour éviter que cela ne se produise, coupez les griffes de votre chien régulièrement avec des coupe-griffes.
- Assurez-vous de couper seulement la partie blanche des griffes, car la partie rose est remplie de nerfs et de vaisseaux sanguins. Si vous coupez trop court, vous risquez de faire saigner votre chien.

Coupez les griffes de votre chien :

1. Créer un environnement détendu et habituer votre chien lui touché mais manipuler ses pattes si vous ne l'avez encore jamais fait.
2. Demandez à une autre personne de vous aider en tenant le chien .
3. Prenez une des pattes examiner les griffes pour trouver le tissu vivant et savoir jusqu'où coupez .
4. Coupez la griffe avec les ciseaux pour une coupe rapide et sûre.
5. Si vous prenez trop de temps à couper le chien pourrait devenir nerveux et tenté de s'échapper .
6. Répéter la procédure avec toutes les griffes .
7. Pour les ongles noirs rappelez-vous que vous pouvez utiliser la ligne
    - Assurez-vous d'avoir une bonne prise sur votre chien et utilisez des coupe-griffes pour couper la partie **_blanche de ses griffes_**. **_Évitez de couper la partie rose_**, qui est remplie de nerfs et de vaisseaux sanguins.
    - Si vous entendez un "clic" pendant que vous coupez les griffes de votre chien, cela signifie que vous avez atteint l'os et que vous devriez arrêter de couper.
    - Si vous coupez plus qu'il ne le faut, rester calme et arrêter l'hémorragiee avec la poudre et calmer votre chien.

Que faire si le chien refuse ?

S'il refuse de se laisser couper les griffes, il est possible qu'il ait peur ou qu'il ne soit pas habitué à cette routine. Voici quelques conseils pour aider à habituer votre chien à se faire couper les griffes :

- Commencez à couper ses griffes lorsqu'il est jeune, afin qu'il s'habitue à cette routine.

- Faites des séances de coupe de griffes courtes et positives, en récompensant votre chien avec des friandises et des caresses pendant et après la coupe.
- Utilisez une paire de coupe-griffes appropriée pour les chiens et assurez-vous de ne pas couper trop près de la chair.
- Vous pouvez essayer de lui faire toucher les coupe-griffes avec son museau et de le récompenser lorsqu'il le fait, avant de passer à des séances de coupe plus longues.
- S'il refuse toujours de se laisser couper les griffes, vous pouvez essayer de lui offrir une distraction, comme un jouet à mâcher, pendant que vous coupez ses griffes.

Quand aller chez le vétérinaire si votre chien a trop peur et qu'il fait même preuve d'agressivité au cours des séances on vous recommande d'aller chez le vétérinaire ou chez le toiletteur canin de plus si votre chien des griffes noir il est également préférable de consulter un spécialiste

Massage pour votre chien.

Il faut noter que le massage peut être bénéfique pour les chiens de toutes races et tailles, mais il est important de respecter les limites de votre chien et de ne pas forcer le massage s'il n'est pas d'accord. Voici comment procéder étape par étape pour le masser :

- **Trouvez un endroit confortable et calme pour votre chien.** Assurez-vous qu'il se sente en sécurité et à l'aise avant de commencer le massage.
- **Faites preuve de gentillesse et de douceur.** Utilisez une voix apaisante et des gestes lents pour rassurer votre chien.
- **Commencez par les pattes avant.** Faites glisser vos mains le long des jambes de votre chien, en utilisant des mouvements circulaires pour détendre les muscles.
- **Passez aux pattes arrière.** Utilisez les mêmes mouvements circulaires pour masser les cuisses et les hanches de votre chien.
- **Masser le dos et les épaules.** Utilisez vos mains pour suivre les contours du dos de votre chien, en prenant soin de ne pas exercer de pression trop forte sur les os.
- **Masser la poitrine et le ventre.** Faites glisser vos mains le long de la poitrine de votre chien, en utilisant des mouvements doux et circulaires. Évitez de masser son ventre trop vigoureusement, car cela peut être inconfortable pour lui.
- **Finissez par la tête et le cou.** Utilisez vos doigts pour masser les muscles du cou de votre chien, en prenant soin de ne pas exercer de pression sur les yeux ou les oreilles. Vous pouvez également lui gratter derrière les oreilles pour le détendre.

Il faut surveiller attentivement les réactions de votre chien pendant le massage et de le laisser se retirer s'il en a assez. S'il a l'air détendu et apprécie le massage, vous pouvez continuer jusqu'à ce qu'il se lève ou se retire. S'il montre des signes de malaise ou de stress, arrêtez immédiatement le massage et laissez-le se reposer.

Éducation et entraînement :

L'éducation et l'entraînement de votre chien sont essentiels pour lui offrir une vie heureuse et équilibrée. Cette race de chien est très intelligente et capable de retenir de nombreux ordres et de les exécuter avec précision, grâce à sa grande mémoire et à sa capacité de concentration. Il aime également découvrir de nouvelles choses et relever de nouveaux défis, ce qui en fait un animal exceptionnel à entraîner et à éduquer.

L'éducation de base :

L'éducation de base est un ensemble de comportements et de commandes de base que les propriétaires de chiens devraient enseigner à leurs chiens pour renforcer la communication et la relation entre eux. Elle comprend généralement des commandes telles que "assis", "coucher", "reste", "venir" et "marcher en laisse". Elle peut également inclure l'enseignement des comportements sociaux appropriés, tels que ne pas sauter sur les gens ou ne pas aboyer de manière excessive. Il faut commencer l'éducation de base de votre chien dès son plus jeune âge, car cela peut aider à renforcer la communication et à créer une base solide pour l'apprentissage de comportements plus complexes à l'avenir. L'éducation de base peut être enseignée de différentes manières, notamment à travers l'utilisation de récompenses, de renforcement positif et de correction douce.

Les règles à respecter :

Voici quelques règles de base à connaître lorsque vous éduquez votre chien :

1. **Soyez cohérent :** il est important de toujours utiliser les mêmes commandes et les mêmes techniques d'entraînement afin qu'il comprenne ce que vous attendez de lui.
2. **Soyez patient :** l'éducation d'un chien prend du temps et de la patience. Ne vous attendez pas à ce qu'il comprenne tout de suite et soyez prêt à répéter les exercices plusieurs fois avant qu'il ne les maîtrise.
3. **Récompensez les bons comportements :** utilisez des friandises, des caresses et des mots encourageants pour le féliciter lorsqu'il réussit une tâche. Cela l'encouragera à continuer à apprendre et à bien se comporter.
4. **Ignorez les comportements indésirables :** S'il fait quelque chose de mal, ne le grondez pas ou ne le punissez pas. Ignorer simplement le comportement indésirable et attendez qu'il fasse quelque chose de bien pour le récompenser.
5. **Faites de courtes séances d'entraînement :** les chiens ont une attention limitée, il est donc important de ne pas trop les surmener lors de l'entraînement. Faites de courtes séances d'entraînement de quelques minutes plusieurs fois par jour plutôt que de longues séances une fois par semaine.

6. **Soyez positif et encourageant** : l'éducation d'un chien doit être un moment agréable pour lui. Utilisez un ton de voix doux et encourageant et faites en sorte que l'entraînement soit un moment de plaisir pour votre chien.
7. **Faites preuve de persévérance** : l'éducation d'un chien peut parfois être difficile et il est normal de rencontrer des obstacles. Ne perdez pas espoir et continuez à travailler avec votre chien jusqu'à ce qu'il comprenne ce que vous attendez de lui.

Apprendre à s'assoir.

L'ordre "s'assoir" demande à votre chien de poser son derrière sur le sol et de rester immobile dans cette position jusqu'à ce qu'il reçoive un nouvel ordre. Cet ordre peut être utile dans de nombreuses situations, comme lorsque vous voulez qu'il attende avant de passer la porte ou que vous voulez lui donner un ordre de base simple pour qu'il reste calme.

Procédure étape par étape pour enseigner l'ordre "s'assoir" :
1. Commencez par choisir votre mot-clé pour cet ordre, par exemple "assis".
2. Asseyez-vous à côté de lui et montrez-lui une récompense.
3. Donnez votre ordre en utilisant le mot-clé "assis" et attendez qu'il réalise l'action demandée.
4. S'il ne réalise pas l'action, vous pouvez l'aider en le poussant doucement sur les fesses jusqu'à ce qu'il s'assoie.
5. Lorsqu'il s'assoit, donnez-lui immédiatement la récompense et félicitez-le. Utilisez un ton de voix enthousiaste et caresser votre chien pour le féliciter.
6. Répétez l'exercice plusieurs fois jusqu'à ce qu'il comprenne l'ordre.
7. Une fois qu'il a compris l'ordre, vous pouvez commencer à ajouter des distractions et des situations de plus en plus difficiles pour renforcer l'apprentissage. Par exemple, vous pouvez lui demander de s'asseoir lorsqu'il y a d'autres personnes ou animaux dans les environs.

Apprendre à se coucher.

L'ordre "couché" : cet ordre demande à votre chien de s'allonger sur le sol et de rester immobile dans cette position jusqu'à ce qu'il reçoive un nouvel ordre.

- Commencez par choisir votre mot-clé pour cet ordre, par exemple "couché".
- Asseyez-vous à côté de lui et montrez-lui une récompense.
- Donnez votre ordre en utilisant le mot-clé "couché" et attendez qu'il réalise l'action demandée.
- S'il ne réalise pas l'action, vous pouvez l'aider en le poussant doucement sur le dos jusqu'à ce qu'il s'allonge.
- Lorsqu'il s'allonge, donnez-lui immédiatement la récompense et félicitez-le. Utilisez un ton de voix enthousiaste et caresser votre chien pour le féliciter.
- Répétez l'exercice plusieurs fois jusqu'à ce qu'il comprenne l'ordre.

- Une fois qu'il a compris l'ordre, vous pouvez commencer à ajouter des distractions et des situations de plus en plus difficiles pour renforcer l'apprentissage. Par exemple, vous pouvez lui demander de s'allonger lorsqu'il y a d'autres personnes ou animaux dans les environs.

Apprendre à venir.

L'ordre "viens" : cet ordre demande à votre chien de venir vers vous et de rester à vos côtés.

1. Commencez par choisir votre mot-clé pour cet ordre, par exemple "viens".
2. Asseyez-vous à côté de lui et montrez-lui une récompense.
3. Donnez votre ordre en utilisant le mot-clé "viens" et attendez qu'il réalise l'action demandée.
4. S'il ne réalise pas l'action, vous pouvez l'aider en le tirant doucement par la laisse jusqu'à ce qu'il vienne vers vous.
5. Lorsqu'il vient vers vous, donnez-lui immédiatement la récompense et félicitez-le. Utilisez un ton de voix enthousiaste et caresser le pour le féliciter.
6. Répétez l'exercice plusieurs fois jusqu'à ce qu'il comprenne l'ordre.
7. Une fois qu'il a compris l'ordre, vous pouvez commencer à ajouter des distractions et des situations de plus en plus difficiles pour renforcer l'apprentissage. Par exemple, vous pouvez lui demander de venir vers vous lorsqu'il y a d'autres personnes ou animaux dans les environs.

Apprendre à ne pas bouger.

L'ordre « ne bouge pas » ou « reste »: cet ordre demande à votre chien de rester immobile dans sa position actuelle jusqu'à ce qu'il reçoive un nouvel ordre.

1. Commencez par choisir votre mot-clé pour cet ordre, par exemple "reste".
2. Asseyez-vous à côté de lui et montrez-lui une récompense.
3. Donnez votre ordre en utilisant le mot-clé "reste" et attendez qu'il réalise l'action demandée.
4. S'il ne réalise pas l'action, vous pouvez l'aider en le bloquant doucement avec votre main ou en le retenant par la laisse jusqu'à ce qu'il reste immobile.
5. Lorsqu'il reste immobile, donnez-lui immédiatement la récompense et félicitez-le. Utilisez un ton de voix enthousiaste et caressez-le pour le féliciter.
6. Répétez l'exercice plusieurs fois jusqu'à ce qu'il comprenne l'ordre.
7. Une fois qu'il a compris l'ordre, vous pouvez commencer à ajouter des distractions et des situations de plus en plus difficiles pour renforcer l'apprentissage. Par exemple, vous pouvez lui demander de rester immobile lorsqu'il y a d'autres personnes ou animaux dans les environs.

Apprendre à lâcher l'objet.

L'ordre "donne" ou « lâche » : cet ordre demande à votre chien de lâcher un objet qu'il tient dans sa gueule.

1. Commencez par choisir votre mot-clé pour cet ordre, par exemple "lâche".

2. Asseyez-vous à côté de lui et montrez-lui une récompense.
3. Donnez votre ordre en utilisant le mot-clé "donne" et attendez qu'il réalise l'action demandée.
4. S'il ne réalise pas l'action, vous pouvez l'aider en ouvrant doucement sa gueule et en retirant l'objet de sa gueule.
5. Lorsqu'il lâche l'objet, donnez-lui immédiatement la récompense et félicitez-le. Utilisez un ton de voix enthousiaste et caressez-le pour le féliciter.
6. Répétez l'exercice plusieurs fois jusqu'à ce qu'il comprenne l'ordre.
7. Une fois qu'il a compris l'ordre, vous pouvez commencer à ajouter des distractions et des situations de plus en plus difficiles pour renforcer l'apprentissage. Par exemple, vous pouvez lui demander de lâcher un objet lorsqu'il y a d'autres personnes ou animaux dans les environs.

Apprendre à ne pas aboyer.

L'ordre "silence" : cet ordre demande à votre chien de cesser d'aboyer ou de faire du bruit. Commencez par choisir votre mot-clé pour cet ordre, par exemple "silence". Ou « shut »

1. Asseyez-vous à côté de lui et montrez-lui une récompense.
2. Donnez votre ordre en utilisant le mot-clé "silence" et attendez qu'il réalise l'action demandée.
3. S'il ne réalise pas l'action, vous pouvez l'aider en lui donnant un ordre de base comme "reste" ou "assis", qui lui demandera de se calmer et de s'immobiliser.
4. Lorsqu'il cesse de faire du bruit, donnez-lui immédiatement la récompense et félicitez-le. Utilisez un ton de voix enthousiaste et caressez-le pour le féliciter.
5. Répétez l'exercice plusieurs fois jusqu'à ce qu'il comprenne l'ordre.
6. Une fois qu'il a compris l'ordre, vous pouvez commencer à ajouter des distractions et des situations de plus en plus difficiles pour renforcer l'apprentissage. Par exemple, vous pouvez lui demander de rester silencieux lorsqu'il y a d'autres personnes ou animaux dans les environs.

Que faire si le chien refuse d'obéir ?

Il y a plusieurs choses que vous pouvez essayer S'il refuse d'obéir aux ordres de base de l'éducation :

- **Assurez-vous qu'il comprend bien l'ordre que vous lui donnez.** Utilisez des mots simples et répétez souvent l'ordre jusqu'à ce qu'il comprenne.
- **Faites preuve de patience et soyez consistent dans votre éducation.** Ne donnez pas d'ordres si vous n'êtes pas prêt à les mettre en œuvre.
- **Utilisez des récompenses pour l'encourager à obéir.** Offrez-lui une friandise ou une caresse chaque fois qu'il obéit à un ordre.
- **S'il a du mal à obéir à un ordre en particulier,** essayez de lui montrer ce que vous attendez de lui. Par exemple, si vous lui demandez de s'asseoir et qu'il ne comprend pas, montrez-lui comment s'asseoir en le faisant vous-même.

- **Utilisez un ton de voix ferme mais calme lorsque vous lui donnez des ordres.** Un ton de voix autoritaire peut l'aider à comprendre que vous êtes sérieux et qu'il doit obéir.
- **Faites des séances d'entraînement courtes et fréquentes.** Cela peut l'aider à mieux retenir les ordres et à être plus enclin à les suivre.
- **Soyez cohérent dans votre éducation.** Si vous donnez un ordre et qu'il ne l'obéit pas, ne le récompensez pas pour ne pas lui donner l'impression qu'il n'a pas besoin d'obéir.
- **Utilisez des techniques d'entraînement positives.** Au lieu de gronder ou de punir votre chien lorsqu'il ne suit pas un ordre, encouragez-le en le félicitant et en le récompensant lorsqu'il obéit.
- **S'il a du mal à obéir à un ordre en particulier,** essayez de lui enseigner d'abord une commande similaire qui lui est plus facile. Par exemple, si vous lui demandez de s'allonger et qu'il ne comprend pas, essayez de lui apprendre d'abord à s'asseoir. Une fois qu'il a compris comment s'asseoir, vous pourrez lui enseigner comment s'allonger.
- **Faites en sorte qu'il soit bien nourri et hydraté.** Un chien qui a faim ou soif peut être moins enclin à obéir aux ordres.
- **Assurez-vous qu'il reçoit suffisamment d'exercice.** Un chien qui s'ennuie ou qui a besoin de dépenser de l'énergie peut être moins enclin à obéir aux ordres.
- **S'il a du mal à obéir aux ordres,** essayez de lui apprendre à obéir à des commandes verbales et à des signes gestuels. Cela peut l'aider à mieux comprendre ce que vous attendez de lui.
- **S'il a du mal à obéir aux ordres en présence de distractions**, essayez de lui apprendre à obéir dans un environnement calme et sans distractions. Une fois qu'il a compris comment obéir dans cet environnement, vous pourrez lui enseigner à obéir dans des situations plus bruyantes ou plus animées.

L'éducation avancée.

L'éducation avancée de chien implique de renforcer les compétences et les comportements acquis lors de l'éducation de base des chiens et d'en apprendre de nouveaux. Cela peut inclure des commandes avancées telles que "chercher", "ramasser", "mettre", ainsi que l'enseignement de comportements tels que la marche en laisse sans tirer, la sociabilisation avec d'autres chiens et les humains, et le dressage à des activités de divertissement telles que l'agility.

Il est recommandé de commencer l'éducation avancée des chiots lorsqu'ils sont encore jeunes et de leur donner beaucoup de récompenses et de renforcement positif pour encourager de bons comportements. Il est également important de les socialiser avec d'autres chiens et humains pour renforcer leur confiance et leur stabilité émotionnelle.

Apprendre à chercher :

Enseignement de la commande "chercher" : cela implique de faire cacher des friandises ou des jouets et de lui demander de les trouver. Vous pouvez utiliser des indices visuels ou verbaux pour l'aider à comprendre ce que vous attendez de lui.

Voici un exemple détaillé d'étapes pour enseigner à votre chiot la commande "chercher":

- Commencez par des objets faciles à trouver et peu encombrants. Choisissez un jouet ou une friandise qu'il aime et placez-le sous un coussin ou dans un tiroir ouvert.
- Assurez-vous qu'il regarde l'objet que vous allez cacher, afin qu'il puisse se souvenir de ce à quoi il ressemble.
- Une fois que vous avez caché l'objet, dites-lui "chercher" en utilisant un ton enjoué et encourageant. Vous pouvez également lui donner un indice visuel en pointant du doigt l'endroit où vous avez caché l'objet.
- Encouragez-le à chercher l'objet en lui parlant doucement et en le félicitant lorsqu'il le trouve. S'il a du mal à trouver l'objet, vous pouvez lui donner des indices verbaux en lui disant "c'est par là" ou "regarde sous le coussin".
- Répétez cet exercice plusieurs fois avec des objets différents et en cachant l'objet dans des endroits de plus en plus difficiles à trouver. Cela l'aidera à comprendre la commande "chercher" et à développer sa capacité à chercher des objets cachés.
- S'il a du mal à apprendre la commande "chercher" ou s'il s'énerve ou s'agite lorsque vous jouez à ce jeu, arrêtez l'exercice et essayez à nouveau plus tard.

Apprendre à ramasser :

Enseignement de la commande "ramasser" : cela implique de montrer à votre chiot comment prendre un objet avec sa bouche et le ramener à vous. Cela peut être utile pour ramasser des jouets ou des objets que votre chiot a laissé traîner dans la maison.

Voici un exemple détaillé d'étapes pour apprendre à votre chien à ramasser :

- Choisissez un objet de petite taille et de faible valeur, comme une balle ou un jouet en caoutchouc, pour commencer. Assurez-vous que l'objet soit propre et sans danger pour votre chien.
- Placez l'objet devant votre chien et dites la commande "ramasser" de manière claire et ferme. Utilisez un ton de voix et des gestes qui indiquent à votre chien que vous attendez quelque chose de lui.
- S'il ne ramasse pas l'objet, vous pouvez essayer de lui montrer en le prenant dans sa bouche vous-même ou en le poussant doucement avec votre pied.
- Lorsqu'il a pris l'objet dans sa bouche, récompensez-le immédiatement avec une friandise ou une caresse pour renforcer le comportement souhaité.
- Répétez l'exercice plusieurs fois de suite en utilisant différents objets et en augmentant progressivement la difficulté. Par exemple, vous pouvez utiliser des objets de différentes tailles et formes, ou les cacher de manière à ce qu'il doive les chercher.

Apprendre à mettre ou déposer :

Enseignement de la commande "mettre" : cela implique de montrer à votre chien comment déposer un objet dans un endroit précis, comme une boîte ou un panier. Cela peut être utile pour ranger ses jouets ou pour lui apprendre à nettoyer ses déchets et les mettre dans la poubelle.

Voici un exemple détaillé d'étapes pour apprendre à votre chien à mettre ou déposer un objet:
- Choisissez un objet simple et de taille adaptée à votre chien, comme un jouet en peluche ou un os à mâcher. Assurez-vous que l'objet soit propre et sain pour votre lui.
- Placez l'objet dans un endroit facilement accessible pour lui, comme sur le sol ou sur une table basse.
- Attirez son attention sur l'objet en lui parlant doucement ou en faisant un bruit pour le faire regarder.
- Donnez la commande "prends" ou "prends ça" en pointant l'objet du doigt ou en faisant un geste avec la main. Attendez qu'il prenne l'objet dans sa gueule.
- Une fois qu'il a pris l'objet dans sa gueule, donnez la commande "mets" ou "dépose" en indiquant l'endroit où vous voulez qu'il mette l'objet, comme une boîte ou un panier.
- S'il ne comprend pas la commande, vous pouvez utiliser un renforcement positif pour l'aider à comprendre ce que vous attendez de lui. Par exemple, vous pouvez lui donner une friandise ou le féliciter verbalement lorsqu'il dépose l'objet dans l'endroit indiqué.
- Répétez cet exercice régulièrement, en utilisant différents objets et en déplaçant l'endroit où vous voulez qu'il dépose l'objet. Cela l'aider à comprendre la commande "mets" ou "dépose" et à lui apprendre à ranger ses jouets ou à nettoyer ses déchets.

Apprendre l'ordre « va chercher ».

Alors que c'est un jeu classique, mais une astuce qui ne vient pas naturellement pour certains chiens. Cela peut devenir assez frustrant lorsqu'il ne coopère pas au moment du jeu. Certains chiens ne sont pas intéressés par le jouet et ne veulent même pas essayer, certains iront chercher le jouet mais ne le rapporteront pas, et puis il y a les chiens têtus qui ramènent le jouet mais ne le lâcheront plus. Voici comment vous pouvez vous lancer dans ce jeu avec votre chien :

1. Commencez par enseigner le commandement "va chercher" en utilisant un jouet ou une friandise comme récompense. Montrez l'objet au chien et dites "va chercher" tout en le lançant ou en le posant sur le sol. Récompensez le chien chaque fois qu'il ramène l'objet à vous.
2. Faites des séances de renforcement en augmentant la distance entre vous et l'objet que vous voulez que le chien ramène. Demandez-lui d'aller chercher l'objet tout en restant à une certaine distance de vous.
3. Faites varier les objets que vous voulez que le chien ramène. Utilisez différents jouets et friandises pour maintenir son intérêt et renforcer l'apprentissage.
4. Utilisez des distractions pour renforcer l'apprentissage. Ajoutez des bruits, des mouvements et des personnes autour de vous lorsque vous demandez à votre chien d'aller chercher l'objet. Cela aidera à renforcer sa capacité à se concentrer sur votre commandement même lorsqu'il y a des distractions.
5. Soyez patient et persévérant. L'apprentissage d'un nouveau commandement peut prendre du temps, mais en étant constant et en le récompensant pour ses efforts, vous l'aiderez à comprendre et à s'exécuter rapidement.

Apprendre à ranger ses jouets

Il est possible d'apprendre à votre chien à ranger ses jouets sur commande. Cela peut être une compétence utile pour lui permettre de ranger ses jouets lorsqu'il a fini de jouer, mais cela peut également être un moyen amusant de stimuler son cerveau. Voici comment vous pouvez lui apprendre cela :

- Choisissez un endroit calme et sans distraction pour commencer à l'entraîner.
- Commencez par l'encourager à ramasser un jouet et à le mettre dans sa boîte à jouets en lui mettant une friandise près de la boîte et en lui demandant de "ranger". Récompensez-le chaque fois qu'il range correctement un jouet.
- Lorsqu'il est à l'aise avec l'idée de ranger ses jouets, commencez à lui montrer comment ranger plusieurs jouets en même temps en lui mettant une friandise près de la boîte et en lui demandant de "ranger".
- Récompensez-le chaque fois qu'il range correctement ses jouets et répétez l'exercice plusieurs fois jusqu'à ce qu'il comprenne ce que vous attendez de lui.
- Une fois qu'il a compris la commande de ranger ses jouets, vous pouvez commencer à lui demander de les ranger sans friandise et à lui enseigner un mot de commande spécifique, comme "ranger" ou "range tes jouets".

Il est conseillé de rester patient et de ne pas forcer votre chien à ranger ses jouets s'il ne comprend pas immédiatement ce que vous attend de lui.

S'il refuse d'obéir ?

S'il a du mal à apprendre à ranger ses jouets, voici quelques autres conseils :
1. Assurez-vous qu'il a une boîte à jouets de taille appropriée et accessible. Si la boîte est trop petite ou si elle est placée dans un endroit difficile d'accès, il pourrait être moins enclin à y ranger ses jouets.
2. Faites en sorte que la boîte à jouets soit attrayante pour lui. Vous pouvez mettre des friandises ou des jouets préférés de votre chien dans la boîte pour l'encourager à y ranger ses jouets.
3. Soyez cohérent dans votre utilisation de la commande de rangement. Utilisez toujours la même commande et récompensez-le chaque fois qu'il range correctement ses jouets.

Il est également important de se rappeler de ne jamais forcer votre chien à ranger ses jouets s'il ne veut pas le faire et de respecter ses limites. S'il n'aime pas ranger ses jouets, il est possible qu'il préfère d'autres activités de renforcement positif ou de stimulation mentale.

Apprendre à reconnaitre les objets.

Il est possible d'apprendre à votre chien à reconnaître différents objets sur commande. Cela peut être une compétence utile pour lui permettre de trouver des objets spécifiques lorsqu'on le lui demande, mais cela peut également être un moyen amusant de stimuler son cerveau. Voici comment vous pouvez lui apprendre ça :
1. Choisissez un endroit calme et sans distraction pour commencer à l'entraîner.
2. Commencez par montrer à votre chien un objet et en lui donnant son nom. Par exemple, si vous lui montrez une balle, vous pouvez dire "balle". Récompensez votre chien chaque fois qu'il regarde l'objet et répétez cet exercice avec différents objets.
3. Lorsqu'il est à l'aise avec l'idée de reconnaître différents objets, commencez à lui montrer l'objet et à lui demander de le toucher avec sa patte ou de le chercher. Récompensez-le chaque fois qu'il réalise une reconnaissance correcte et répétez l'exercice plusieurs fois jusqu'à ce qu'il comprenne ce que vous attendez de lui.
4. Une fois qu'il a compris comment reconnaître différents objets, vous pouvez commencer à lui enseigner des commandes spécifiques pour chaque objet, comme "cherche la balle" ou "touche la peluche".

Apprendre sa gauche et sa droite .

Il est primordial de pouvoir communiquer avec votre chien de manière claire et précise, et lui apprendre à comprendre les mots "gauche" et "droite" peut être utile dans de nombreuses situations. Voici comment vous pouvez lui apprendre à comprendre ces mots :

1. Choisissez un endroit calme et sans distraction pour commencer à l'entraîner.
2. Tenez une friandise dans chaque main et demandez à votre chien de choisir entre les deux en disant "gauche" ou "droite". Récompensez-le avec la friandise de la main qu'il a choisie.
3. Répétez cet exercice plusieurs fois jusqu'à ce qu'il comprenne les mots "gauche" et "droite". Vous pouvez également utiliser des gestes ou des points pour lui indiquer la direction à suivre.
4. Une fois qu'il a compris les mots "gauche" et "droite", vous pouvez les utiliser dans d'autres contextes pour lui demander de se déplacer dans une direction spécifique. Par exemple, vous pouvez lui demander de tourner à gauche ou à droite lors de promenades en laisse, ou de se déplacer vers la gauche ou la droite lorsque vous jouez à des jeux de balles ou de frisbee.
5. Il est recommandé de continuer à récompenser votre chien chaque fois qu'il réalise une action correcte et de ne pas le punir s'il ne comprend pas immédiatement ce que vous attendez de lui.
6. Il est également important de se rappeler de toujours utiliser les mots "gauche" et "droite" de manière cohérente et de ne pas les utiliser dans d'autres contextes. Cela aidera votre chien à comprendre rapidement leur signification et à les utiliser correctement.

Apprendre à ouvrir et fermer la porte ?

Il est possible d'apprendre à votre chien à ouvrir et fermer la porte sur commande. Cela peut être une compétence utile pour lui permettre de vous aider à ouvrir et fermer la porte lorsque vous en avez besoin, mais cela peut également être un moyen amusant de stimuler son cerveau. Voici comment vous pouvez lui apprendre cet exercice :

1. Choisissez une porte à poignée facile à saisir pour votre chien et placez une récompense près de la poignée pour l'encourager à toucher la poignée.
2. Lorsqu'il touche la poignée de la porte, récompensez-le et répétez cet exercice plusieurs fois jusqu'à ce qu'il comprenne ce que vous attendez de lui.
3. Lorsqu'il comprend comment toucher la poignée de la porte, commencez à lui montrer comment ouvrir la porte en le faisant vous-même et en lui donnant une récompense chaque fois qu'il réussit à ouvrir la porte.
4. Répétez cet exercice plusieurs fois jusqu'à ce qu'il comprenne comment ouvrir la porte sur commande.
5. Lorsqu'il comprend comment ouvrir la porte, vous pouvez lui enseigner comment fermer la porte en utilisant les mêmes étapes.

L'éducation positives :

Pour éduquer et entraîner votre chien de manière efficace, il faut d'utiliser des méthodes d'entraînement positives, qui consistent à récompenser le bon comportement et à ignorer le comportement indésirable. Vous pouvez utiliser des friandises, des caresses ou des mots d'approbation pour le récompenser lorsqu'il se comporte bien, et ignorer ou détourner son attention lorsqu'il agit de manière indésirable.

Les règles à respecter:

1. **Choisissez des récompenses qui motivent votre chien:** Vous utiliserez des friandises pour le récompenser chaque fois qu'il s'assoit sur commande.
2. **Utilisez des marqueurs de renforcement positif:** Vous utiliserez le mot "bien" comme marqueur de renforcement positif chaque fois qu'il s'assoit sur commande.
3. **Faites attention à votre langage corporel et à votre ton de voix:** Vous maintiendrez un langage corporel calme et positif et parlerez d'une voix douce et agréable pendant l'entraînement.
4. **Commencez par des séances d'entraînement courtes et simples:** Vous commencerez par des séances d'entraînement de quelques minutes chaque jour et augmenterez lentement la durée au fur et à mesure qu'il progresse.
5. **Soyez patient et persévérant:** Vous serez patient et répéterez les exercices de manière régulière jusqu'à ce qu'il maîtrise la compétence de s'asseoir sur commande.

Un exemple de comment faire:

- Donnez à votre chien une friandise et dites "assis" en montrant du doigt le sol.
- Lorsqu'il s'assoit, donnez-lui un marqueur de renforcement positif ("bien") et une friandise.
- Répétez cet exercice plusieurs fois au cours de la séance d'entraînement, en le récompensant chaque fois lorsqu'il s'assoit sur commande.
- Au fur et à mesure qu'il progresse, vous pouvez augmenter la difficulté en attendant plus longtemps avant de le récompenser lorsqu'il s'assoit sur commande, ou en lui donnant la commande "assis" à des moments aléatoires au lieu de lui montrer du doigt le sol.

La liste des exercices :

Voici quelques exemples concrets d'exercices d'entraînement positifs que vous pouvez essayer avec votre chien en appliquant les mêmes règles :

- **Assis :** Demandez à votre chien de s'asseoir et récompensez-le lorsqu'il s'exécute. Vous pouvez utiliser un mot de commande comme "assis" ou un geste de la main pour lui indiquer ce que vous attendez de lui.
- **Couché :** Demandez-lui de s'allonger et récompensez-le lorsqu'il s'exécute. Vous pouvez utiliser un mot de commande comme "couché" ou un geste de la main pour lui indiquer ce que vous attendez de lui.

- **Marche en laisse** : Enseignez-lui à marcher calmement en laisse en utilisant des récompenses pour renforcer les comportements souhaités. S'il tire sur la laisse, arrêtez-vous et attendez qu'il se calme avant de reprendre la marche.
- **Rappel** : Enseignez-lui à venir vers vous lorsque vous l'appelez en utilisant des récompenses pour renforcer le comportement souhaité. Utilisez un mot de commande comme "ici" ou "viens" et récompensez-le chaque fois qu'il vient vers vous.
- **Attendez** : Enseignez-lui à attendre avant de manger ou de passer une porte en utilisant un mot de commande comme "attendez" et en récompensant le comportement souhaité. Cet exercice peut être utile pour l'empêcher de se précipiter vers sa nourriture ou de passer une porte sans votre permission.
- **Marche en arrière** : Demandez-lui de marcher en arrière en utilisant un geste de la main ou un mot de commande comme "recule". Récompensez-le lorsqu'il effectue l'exercice de manière cohérente.
- **Tourne à droite et à gauche** : Demandez-lui de tourner à droite ou à gauche en utilisant un geste de la main ou un mot de commande comme "tourne à droite" ou "tourne à gauche". Récompensez-le lorsqu'il effectue l'exercice de manière cohérente.
- **Saute par-dessus un obstacle** : Enseignez-lui à sauter par-dessus un obstacle en utilisant un geste de la main ou un mot de commande comme "saut" ou "par-dessus". Vous pouvez utiliser un bâton ou une barre pour définir l'obstacle. Récompensez-le lorsqu'il effectue l'exercice de manière cohérente.
- **Va chercher un objet** : Enseignez-lui à ramasser et à apporter un objet en utilisant un geste de la main ou un mot de commande comme "prends" ou "va chercher". Vous pouvez utiliser un jouet ou un ballon comme objet. Récompensez-le lorsqu'il effectue l'exercice de manière cohérente.
- **Reste calme** : Enseignez-lui à rester calme et à se détendre lorsqu'il est excité ou stressé en utilisant un mot de commande comme "calme" ou "détends-toi". Récompensez-le lorsqu'il parvient à se calmer et à se détendre.
- **Trouve** : Enseignez à votre animal à trouver un objet caché en utilisant un mot de commande comme "trouve" ou "cherche". Vous pouvez cacher un jouet ou une friandise et récompenser-le lorsqu'il trouve l'objet.
- **Marche à côté de vous sans tirer sur la laisse** : Enseignez-lui à marcher à côté de vous sans tirer sur la laisse en utilisant des récompenses pour renforcer le comportement souhaité. S'il tire sur la laisse, arrêtez-vous et attendez qu'il se calme avant de reprendre la marche.
- **Passe les portes et les escaliers de manière contrôlée:** Enseignez-lui à passer les portes et les escaliers de manière contrôlée en utilisant un mot de commande comme "attends" ou "lentement" et en récompensant le comportement souhaité. Cet exercice peut être utile pour l'empêcher de se précipiter dans des endroits dangereux ou de perturber les autres personnes.
- **Salue les invités de manière contrôlée** : Enseignez-lui à saluer les invités de manière contrôlée en utilisant un mot de commande comme "coucou" ou "salut" et en récompensant le comportement souhaité. Cet exercice peut être utile pour empêcher votre chien de sauter sur les invités ou de les perturber.

- **Ignore les distractions** : Enseignez-lui à ignorer les distractions comme les passants, les animaux ou les bruits forts en utilisant un mot de commande comme "laisse" ou "ignore" et en récompensant le comportement souhaité. Cet exercice peut être utile pour l'aider à rester concentré lorsqu'il est en public ou lorsqu'il y a beaucoup de distractions.
- **Ferme la porte** : Enseignez-lui à fermer une porte en utilisant un geste de la main ou un mot de commande comme "ferme" et en récompensant le comportement souhaité. Cet exercice peut être utile pour empêcher votre chien de sortir par une porte ouverte ou de perturber les autres personnes.
- **Dépose un objet** : Enseignez-lui à déposer un objet en utilisant un geste de la main ou un mot de commande comme "lâche" et en récompensant le comportement souhaité. Cet exercice peut être utile pour empêcher votre chien de mâcher ou de détruire des objets indésirables.
- **Reste seul** : Enseignez-lui à rester seul en utilisant un mot de commande comme "reste" et en récompensant le comportement souhaité. Cet exercice peut être utile pour l'aider à se sentir à l'aise lorsqu'il est seul à la maison.
- **Ne saute pas sur les gens** : Enseignez-lui à ne pas sauter sur les gens en utilisant un mot de commande comme "descends" ou "ne saute pas" et en récompensant le comportement souhaité. Cet exercice peut être utile pour empêcher votre chien de sauter sur les visiteurs ou de perturber les autres personnes.
- **Ne s'échappe pas** : Enseignez-lui à ne pas s'échapper en utilisant un mot de commande comme "reste" ou "ne pars pas" et en récompensant le comportement souhaité. Cet exercice peut être utile pour empêcher votre chien de s'échapper de votre jardin ou de votre maison.

Que faire s'il n'obéit pas ?

Il peut être frustrant lorsqu'un chien ne réagit pas aux ordres ou ne semble pas répondre à l'éducation positive. Voici quelques étapes que vous pouvez suivre S'il n'obéit pas aux ordres ou ne réagit pas à l'éducation positive:

1. **Assurez-vous de bien comprendre les besoins de votre chien:** Avant toute chose, il est important de comprendre les besoins de votre chien et de vous assurer que vous lui offrez suffisamment d'exercice, d'interactions sociales et de stimulation mentale. S'il manque de ces éléments essentiels, il peut être difficile pour lui de se concentrer et de réagir aux ordres.
2. **Soyez clair et cohérent dans vos demandes:** Assurez-vous de bien communiquer vos demandes à votre chien de manière claire et cohérente. Utilisez des mots et des gestes simples et répétez-les de manière régulière pour l'aider à comprendre ce que vous attendez de lui.
3. **Faites du renforcement positif:** Récompensez-le lorsqu'il obéit aux ordres de manière consistante. Utilisez des récompenses telles que des friandises, des caresses ou des mots de louange pour renforcer les comportements souhaités. Cela peut aider à renforcer l'association positive entre les ordres et les récompenses et à l'encourager à obéir de manière volontaire.

4. **Entraînez-vous régulièrement:** L'entraînement régulier peut aider à renforcer la communication et la relation entre vous et votre chien. Essayez de consacrer du temps chaque jour à l'entraînement et à l'apprentissage de nouveaux ordres et comportements.

Il faut noter que l'obéissance et l'éducation positive peuvent être des processus complexes et que chaque chien est différent. S'il échoue à s'asseoir sur commande, ne le réprimandez pas ou ne le punissez pas. Au lieu de cela, simplement recommencez l'exercice et récompensez votre chien lorsqu'il réussit. Continuez à répéter cet exercice régulièrement au cours de votre entraînement jusqu'à ce qu'il maîtrise la compétence de s'asseoir sur commande.

Il faut se souvenir que l'entraînement d'un chien peut prendre du temps et nécessiter de la patience. Ne vous attendez pas à ce qu'il maîtrise chaque nouvelle compétence immédiatement et soyez prêt à répéter les exercices plusieurs fois avant qu'il ne comprenne complètement ce que vous attendez de lui. En utilisant des méthodes d'entraînement positives et en maintenant une attitude calme et patiente, vous pouvez l'aider à apprendre de nouvelles compétences de manière efficace et agréable pour tous les deux.

L'utilisation de Clicker Training.

Cette méthode utilise un "clicker" (un petit appareil qui produit un bruit de "clic" lorsqu'on appuie dessus) pour renforcer le comportement souhaité. Le clicker est associé à une récompense, telle qu'une friandise, et est utilisé pour marquer le comportement souhaité au moment où il se produit.

Le clicker est un outil utilisé depuis de nombreuses années aux États-Unis pour le dressage des animaux. Il a été utilisé par les militaires pour entraîner les dauphins à effectuer certaines missions, comme piéger les navires ennemis. L'utilisation du clicker pour l'éducation canine est plus récente et de plus en plus populaire en Amérique du Nord et ailleurs dans le monde. La méthode consiste à renforcer les comportements positifs de l'animal et s'est avérée assez efficace.

- **Avantages:** cette méthode est souvent considérée comme une méthode douce et efficace pour l'apprentissage de comportements spécifiques.
- **Inconvénients:** cette méthode peut être complexe et nécessiter une formation pour être utilisée correctement.

Voici les étapes générales pour utiliser la méthode de clicker training pour éduquer un chien:

1. Commencez par introduire le clicker à votre chien et associez-le à une récompense, telle qu'une friandise. Vous pouvez le faire en faisant simplement un "clic" chaque fois que vous donnez une friandise à votre chien et en répétant cette association plusieurs fois jusqu'à ce qu'il comprenne que le "clic" signifie qu'il va recevoir une récompense.
2. Une fois qu'il a compris l'association entre le "clic" et la récompense, vous pouvez commencer à utiliser le clicker pour marquer le comportement souhaité. Par exemple, si vous voulez qu'il s'assoie, attendez qu'il s'assoie spontanément et faites un "clic" immédiatement suivi d'une récompense. Répétez cette étape plusieurs fois jusqu'à ce qu'il comprenne que l'action d'asseoir est renforcée par le "clic" et la récompense.
3. Une fois qu'il a compris le comportement souhaité, vous pouvez commencer à utiliser un mot de signal (par exemple, "assis") pour lui demander de s'asseoir. Faites le mot de signal avant qu'il ne s'assoie et faites un "clic" et une récompense lorsqu'il s'assoit. Répétez cette étape plusieurs fois jusqu'à ce qu'il comprenne que le mot de signal signifie qu'il doit s'asseoir pour recevoir une récompense.
4. Une fois qu'il a bien compris le comportement souhaité et réagit bien au mot de signal, vous pouvez commencer à diminuer la fréquence des récompenses. Par exemple, vous pouvez donner une récompense toutes les deux ou trois fois au début, puis toutes les cinq ou six fois, puis moins souvent encore jusqu'à ce que vous n'ayez plus besoin de donner de récompense à chaque fois. Cela s'appelle l'extinction graduelle et permet à votre chien de continuer à exécuter le comportement souhaité même s'il ne reçoit plus toujours de récompense.

Voici quelques exemples concrets d'utilisation de la méthode de clicker training :

1. **Apprendre à un chien à s'asseoir** : on peut commencer en plaçant une friandise près de son nez et en la faisant glisser lentement vers le dos de la tête du chien. Lorsqu'il s'assoit naturellement pour suivre la friandise, le dresseur appuie sur le clicker et donne la friandise au chien.
2. **Apprendre à un chien à venir lorsqu'on l'appelle:** on peut commencer en faisant sonner le clicker chaque fois que le chat vient vers lui, même s'il ne vient pas à l'appel. Puis, on peut commencer à l'appeler et à faire sonner le clicker chaque fois qu'il vient à l'appel.

En général, la méthode de clicker training peut être un outil utile pour l'éducation et l'entraînement des chiens, en particulier pour l'apprentissage de comportements spécifiques et complexes. Cependant, comme pour toute méthode d'éducation et d'entraînement, vous devez choisir celle qui convient le mieux à votre chien et à vos objectifs.

Le conditionnement classique

Avez-vous déjà pensé que votre chiot avait un sixième sens ? D'une manière ou d'une autre, savoir sans voir qu'un humain préféré s'approche de la porte d'entrée ? Ce n'est pas de l'ESP, c'est du conditionnement classique. Il entend, sent et réagit à des signaux trop subtils pour nos sens humains.

Le conditionnement classique fait référence à un processus d'apprentissage où l'apprentissage se fait par association. Vous conditionnez les réflexes innés de votre chien à réagir à des signaux subtils. Au fil du temps, votre chien apprend à associer le signal à l'événement. Maîtriser le concept de conditionnement classique vous aidera à comprendre comment votre chien comprend, se rapporte et interprète les informations. Cette forme d'apprentissage est également connue sous le nom d'apprentissage pavlovien ou associatif. Ivan Pavlov était un physiologiste russe qui a découvert que les chiens salivaient automatiquement lorsqu'on leur présentait de la nourriture. Il a entraîné ses chiens à associer la sonnerie d'une cloche à la présentation de la nourriture, et a finalement réussi à faire saliver les chiens avec seulement la sonnerie d'une cloche.

PRINCIPES DE CONDITIONNEMENT CLASSIQUE DE PAVLOV.

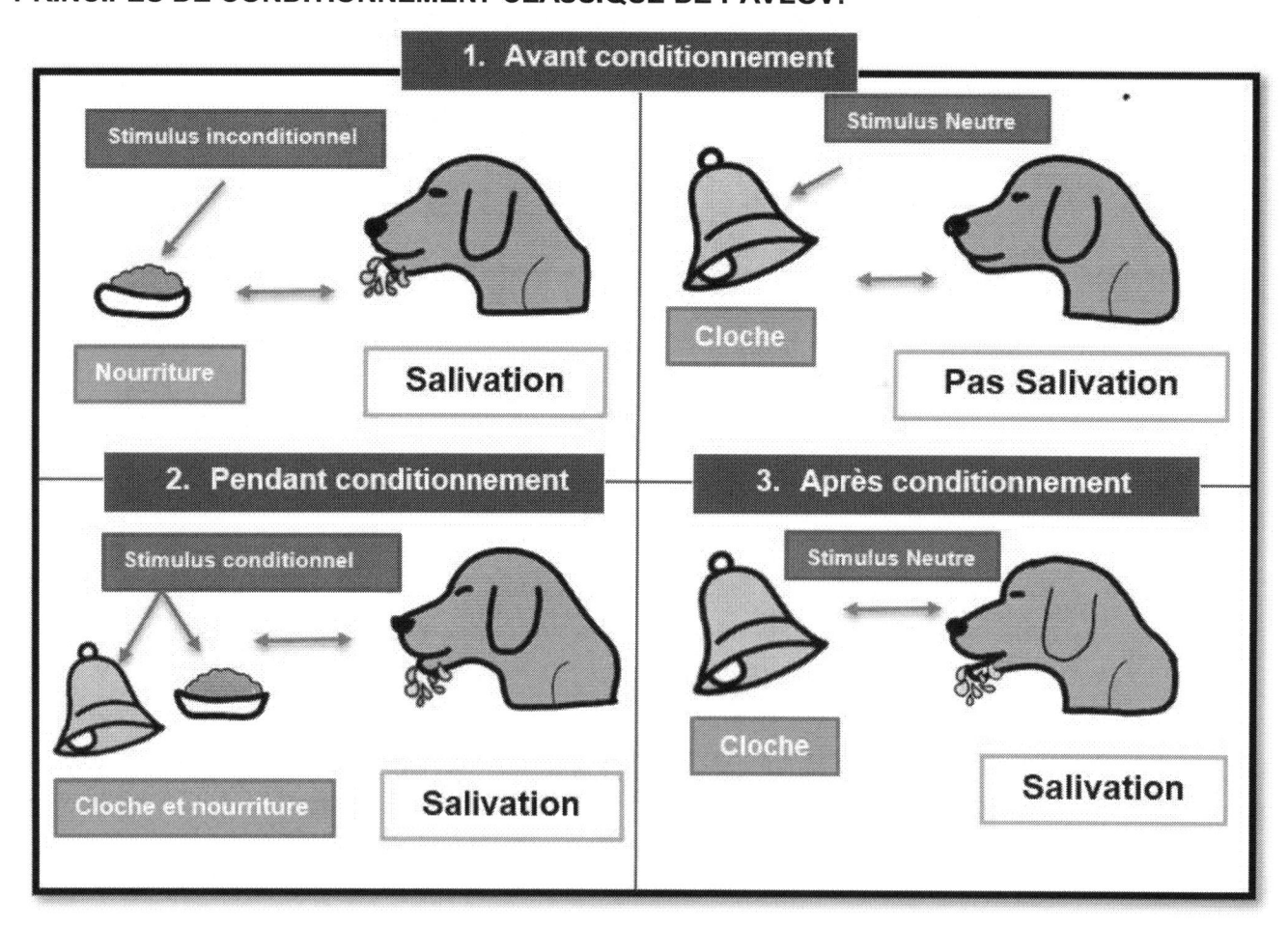

Le conditionnement classique **s'apprend par association** et a été démontré pour la première fois par Ivan Pavlov.

Pavlov a montré que les chiens pouvaient être conditionnés à saliver au son d'une cloche si ce son était présenté à plusieurs reprises en même temps qu'on leur donnait de la nourriture. Les chiens ont d'abord reçu la nourriture, ils ont salivé. La nourriture était le **stimulus inconditionnel** et la salivation était une **réponse inconditionnée (innée)**.

Ensuite, Pavlov a sonné la cloche **(stimulus neutre)** avant de donner la nourriture.

Après quelques appariements, les chiens salivaient lorsqu'ils entendaient la cloche même lorsqu'aucune nourriture n'était donnée. La cloche était devenue **le stimulus conditionné** et la salivation était devenue la réponse conditionnée.

Les chiens avaient appris à associer la cloche avec la nourriture et le son de la cloche et la salivation était déclenchée par le son de la cloche.

Pavlov a montré que le conditionnement classique conduit à l'apprentissage par association.

- ✔ **La réponse inconditionnée** était la salivation naturelle des chiens en réponse à la vue ou à l'odeur de leur nourriture.
- ✔ **Le stimulus inconditionnel** était la vue ou l'odeur de la nourriture elle-même.
- ✔ **Le stimulus conditionné** était la sonnerie de la cloche, qui n'avait auparavant aucune association avec la nourriture.
- ✔ **La réponse conditionnée** était donc la salivation des chiens en réponse à la sonnerie de la cloche, même en l'absence de nourriture.

EXEMPLES

Sans le savoir, vous avez peut-être déjà appliqué les principes du conditionnement classique à votre chien. Si votre chien aime les promenades et associe le son de sa laisse retirée de son emplacement à une promenade imminente, est-il excité rien qu'en entendant la laisse ? C'est le conditionnement classique au travail.

Un exemple moins amusant peut être la réaction de votre chien chez le vétérinaire. Dans des circonstances normales, il peut ne pas avoir de problème à être touché par des étrangers. Mais des souvenirs désagréables de visites antérieures chez le vétérinaire peuvent lui faire associer le vétérinaire au stress et à l'inconfort, provoquant une peur ou une agression inhabituelle.

Un autre exemple courant se produit lorsque les nouveaux propriétaires de chiots commencent à sortir leur chiot en laisse. Lorsqu'ils rencontrent un autre chien, le nouveau parent de l'animal se tend de manière protectrice et tient la laisse bien serrée lorsqu'il rencontre un autre chien. C'est compréhensible. C'est une réponse instinctive. Mais le résultat involontaire peut être que votre chien reflète votre comportement tendu et protecteur chaque fois qu'il voit un autre chien en promenade.

EN UN MOT : Le comportementaliste animal légendaire, Bob Bailey, dont les crédits incluent le directeur de la formation pour le programme des mammifères marins de la marine américaine, explique le conditionnement classique de cette façon : votre chien développe une association positive, négative ou neutre avec tous les stimuli qui l'entourent. En termes simples, lorsque vous entraînez votre chien, tout compte.

Exercice de stimulation mentale.

Le chien a besoin de beaucoup d'exercice et de stimulation mentale pour rester heureux et en bonne santé. Pour l'aider à gérer ses sautes d'humeur et son aboiement excessif, vous pouvez lui offrir des promenades quotidiennes, des jeux et des activités physiques, et lui donner des jouets interactifs et des exercices d'entraînement mental.

- **Marche quotidienne:** Offrez à votre chien une marche quotidienne de 30 à 60 minutes pour lui permettre de dépenser son énergie et d'explorer de nouveaux territoires.

Exemple:
1. Choisissez un itinéraire de 30 à 60 minutes de marche.
2. Attachez sa laisse et commencez à marcher.
3. Encouragez votre chien à explorer et à renifler en toute sécurité.

- **Jeux de balles:** Offrez à votre chien un jeu de balle pour se divertir et faire de l'exercice physique. Vous pouvez jouer à la balle avec lui ou lui apprendre à attraper la balle avec ses pattes avant.

Exemple :
- Achetez une ou plusieurs balles en caoutchouc adaptées aux chiens.
- Montrez lui comment jouer à la balle en la lançant et en l'encourageant à la ramener.
- Vous pouvez également lui apprendre à attraper la balle avec ses pattes avant en lui montrant comment faire et en le félicitant chaque fois qu'il réussit.

- **Jeux d'agilité:** Investissez dans un parcours d'agilité ou créez-en un vous-même en utilisant des objets de votre maison. Cela permettra à votre chien de travailler sa coordination et sa détermination tout en s'amusant.

Exemple :
1. Investissez dans un parcours d'agilité ou créez-en un vous-même en utilisant des objets de votre maison (par exemple des coussins, des barres et des tuyaux en plastique).
2. Montrez à votre chien comment passer à travers les obstacles et encouragez-le à suivre votre exemple.
3. Félicitez-le chaque fois qu'il réussit et répétez l'exercice plusieurs fois pour renforcer sa coordination et sa détermination.

- **Jeux d'enquêteurs:** Cachez des friandises dans votre maison ou votre jardin et laissez votre chien les chercher. Cela lui permettra de travailler son instinct de chasseur et de stimuler sa curiosité.

Exemple :
- Choisissez une ou plusieurs friandises à cacher dans votre maison ou votre jardin.
- Attachez sa laisse de votre chien et laissez-le renifler pour trouver les friandises cachées.
- Encouragez-le à chercher et à trouver les friandises en le félicitant chaque fois qu'il réussit.

- **Apprentissage de nouvelles astuces:** Enseignez-lui de nouvelles astuces pour renforcer son esprit et renforcer votre relation. Vous pouvez par exemple lui apprendre à ramasser les jouets ou à se mettre sur ses pattes arrière.

Exemple:
1. Choisissez une astuce à enseigner à votre chien(par exemple "ramasser les jouets").
2. Montrez-lui comment ramasser un jouet en le prenant dans sa gueule et en le lui montrant.
3. Encouragez-le à ramasser le jouet en le félicitant chaque fois qu'il réussit et répétez l'exercice plusieurs fois jusqu'à ce qu'il comprenne l'astuce.

- **Cours d'obéissance:** Inscrivez votre chien à un cours d'obéissance pour lui apprendre de nouvelles compétences et renforcer votre relation.

Exemple:
- Recherchez un club ou un instructeur de dressage pour chiens dans votre région.
- Inscrivez-le à un cours d'obéissance et suivez les instructions de l'instructeur pour apprendre de nouvelles compétences à votre chien.

- **Jeux de puzzle:** Offrez à votre chien des jeux de puzzle pour stimuler son esprit et l'aider à développer sa logique et sa réflexion.

Exemple:
- Achetez un jeu de puzzle adapté aux chiens (par exemple un jeu de pistage ou de déplacement de pièces).
- Montrez à votre chien comment résoudre le puzzle en lui indiquant les étapes à suivre et en le félicitant chaque fois qu'il réussit.

- **Cours de travail du chien:** Inscrivez votre chien à un cours de travail du chien pour lui apprendre de nouvelles compétences et lui donner une mission à accomplir.

Exemple:
- Recherchez un club ou un instructeur de dressage pour chiens dans votre région.
- Inscrivez votre chien à un cours de travail du chien et suivez les instructions de l'instructeur pour apprendre de nouvelles compétences à votre chien

- **Promenades en nature:** Emmenez-le en randonnée ou en promenade dans les bois pour lui permettre de découvrir de nouveaux paysages et de s'exercer physiquement.

Exemple:
- Choisissez un itinéraire de randonnée ou de promenade dans les bois adapté à votre chien.
- Attachez sa laisse et commencez à marcher.
- Encouragez-le à explorer et à renifler en toute sécurité tout en admirant les paysages environnants.

- **Cours de théâtre canin:** Inscrivez-le à un cours de théâtre canin pour lui apprendre de nouvelles compétences et lui donner la chance de se produire sur scène.

Exemple:
- Recherchez un club ou un instructeur de théâtre canin dans votre région.
- Inscrivez-le à un cours de théâtre canin et suivez les instructions de l'instructeur pour lui apprendre de nouvelles compétences.
- Encouragez votre chien à s'exprimer de manière créative et à se produire sur scène.

- **Cours de danse canine:** Inscrivez-le à un cours de danse canine pour lui apprendre de nouvelles compétences et lui donner l'occasion de s'exprimer de manière créative.

Exemple:
- Recherchez un club ou un instructeur de danse canine dans votre région.
- Inscrivez-le à un cours de danse canine et suivez les instructions de l'instructeur pour lui apprendre de nouvelles compétences.
- Encouragez votre chien à s'exprimer de manière créative et à danser sur de la musique.

- **Visites au parc canin:** Emmenez-le au parc canin pour qu'il puisse rencontrer d'autres chiens et s'exercer physiquement.

Exemple:
- Recherchez un parc canin dans votre région.
- Attachez sa laisse et emmenez-le au parc canin.
- Encouragez-le à jouer avec d'autres chiens et à s'exercer physiquement tout en restant en sécurité.

- **Cours de natation:** Inscrivez-le à un cours de natation pour lui apprendre à nager et à s'exercer physiquement dans l'eau.

Exemple:
- Recherchez un club ou un instructeur de natation pour chiens dans votre région.
- Inscrivez-le à un cours de natation et suivez les instructions de l'instructeur pour apprendre à votre chien à nager et à s'exercer physiquement dans l'eau.

- **Jeux de cartes:** Offrez à votre chien des jeux de cartes adaptés aux chiens pour stimuler son esprit et lui apprendre à résoudre des énigmes.

Exemple:
- Achetez un jeu de cartes adapté aux chiens (par exemple un jeu de memory ou de déplacement de pièces).
- Montrez-lui comment résoudre les énigmes en lui indiquant les étapes à suivre et en le félicitant chaque fois qu'il réussit.

Le Mantrailig ou jeu de pistage est une activité consistant à suivre une piste humaine à l'aide de l'odorat. Cela peut être utilisé comme une activité de loisir pour les chiens et leurs propriétaires, ou comme une technique de recherche et de sauvetage. Le chien est entraîné à suivre une piste olfactive spécifique, généralement en utilisant un morceau d'article personnel de la personne à trouver, comme un vêtement ou un accessoire. Le chien doit suivre la piste jusqu'à ce qu'il trouve la personne ciblée, puis informer son maître de sa découverte en aboyant ou en effectuant une autre action préalablement enseignée.

Il est recommandé de toujours veiller à la sécurité de votre chien et de ne pas le pousser à faire des exercices qui pourraient être trop difficiles ou dangereux pour lui. Assurez-vous également de lui offrir une alimentation saine et équilibrée pour soutenir ses besoins en exercice et en stimulation mentale.

Respectez les limites de votre chien.

Cette race de chien est connue pour son énergie et son affection envers ses maîtres. Il est important de lui apprendre à respecter les limites de son territoire et à ne pas sauter sur les gens ou à les mordre. Vous pouvez utiliser des méthodes d'entraînement positives pour lui apprendre à se comporter de manière appropriée en société et à respecter les limites de son territoire.

- **Soyez cohérent et patient :** L'éducation et l'entraînement de votre chien peuvent parfois prendre du temps et nécessiter de la patience. Vous devez être cohérent et de lui offrir suffisamment d'encouragements et de récompenses pour l'aider à apprendre de nouvelles habitudes et à se comporter de manière appropriée.
- **Faites preuve de fermeté et de leadership :** Bien qu'il soit connu pour sa loyauté et son instinct de protection, il est nécessaire de lui montrer que vous êtes le leader de la meute et de lui fixer des limites claires. Cela lui permettra de comprendre qui est en charge et de savoir comment se comporter de manière appropriée.
- **Commencez tôt :** il est recommandé de commencer l'éducation et l'entraînement de votre chien dès que possible, dès l'âge de 8 semaines. Plus vous commencez tôt, plus il sera facile pour lui d'apprendre de nouvelles choses et de développer de bonnes habitudes.
- **Faites des séances courtes et fréquentes** : les séances d'entraînement de courte durée sont plus efficaces pour les chiens que les séances longues et moins fréquentes. Essayez de faire des séances d'entraînement de 10 à 15 minutes plusieurs fois par jour plutôt qu'une seule séance de plus de 30 minutes.

Apprenez à connaître votre chien et à comprendre ses besoins et ses limites. Par exemple, certains chiens ont besoin de plus d'exercice que d'autres, et certains peuvent être plus sensibles à certains stimuli.

- Prenez le temps de jouer avec votre chien et de lui faire faire de l'exercice chaque jour. Cela vous permettra de mieux comprendre ses besoins en matière de dépense physique et mentale.
- Observez votre chien lorsqu'il interagit avec d'autres personnes ou animaux. Cela vous aidera à repérer les situations qui le mettent mal à l'aise et à les éviter.

Soyez patient et ne forcez pas votre chien à faire quelque chose qui le met mal à l'aise. Par exemple, ne le forcez pas à approcher de quelque chose qui l'effraie ou à interagir avec des personnes ou des animaux qu'il n'aime pas.

- S'il semble nerveux ou effrayé lorsque vous essayez de lui faire rencontrer de nouvelles personnes ou animaux, ne le forcez pas à interagir. Laissez-le s'éloigner et réessayez plus tard lorsqu'il se sentira plus à l'aise.
- S'il n'aime pas être touché dans certaines parties de son corps, respectez son choix et ne le touchez pas de cette manière.

Utilisez un entraînement positif et renforcez les comportements souhaités plutôt que de punir votre chien pour des comportements indésirables.

- Utilisez des récompenses et des encouragements pour renforcer les comportements que vous souhaitez voir de votre chien, comme venir quand on l'appelle ou s'asseoir sur commande.
- Faites attention à ne pas renforcer involontairement des comportements indésirables. Par exemple, S'il saute sur les gens pour obtenir des caresses, ne le caressez pas tant qu'il ne s'est pas calmé.

Ne criez pas sur votre chien ou ne le frappez pas pour le punir. Ces méthodes de correction ne sont pas efficaces et peuvent même causer des problèmes de comportement plus graves à long terme.

- S'il fait quelque chose de mal, ignorez-le plutôt que de crier ou de le frapper. Cela lui montrera que ce comportement n'est pas acceptable sans le punir physiquement.
- Si vous devez interrompre un comportement indésirable, utilisez une voix ferme et un signal physique, comme un coup de sifflet ou un geste de la main, pour attirer l'attention de votre chien.

Donnez à votre chien suffisamment d'exercice et de stimulation mentale pour qu'il soit heureux et en bonne santé.

- Faites en sorte qu'il ait suffisamment d'exercice chaque jour en lui faisant faire des promenades et en lui offrant des jouets et des activités pour stimuler son esprit.
- Si vous êtes absent toute la journée, engagez un promeneur de chiens ou demandez à un ami de passer prendre soin de votre chien pour lui offrir de l'exercice et de la stimulation mentale pendant votre absence.

Gardez votre chien en sécurité en le mettant en laisse lorsqu'il est en dehors de votre propriété et en lui offrant un enclos sécurisé lorsqu'il est à l'intérieur.

- Lorsque vous sortez avec votre chien en dehors de votre propriété, assurez-vous de le tenir en laisse pour le protéger et protéger les autres.
- Si vous ne pouvez pas le surveiller en permanence lorsqu'il est à l'intérieur, offrez-lui un enclos sécurisé ou une pièce à l'intérieur de votre maison où il pourra être en sécurité.

En suivant ces conseils, vous pouvez être sûr de respecter les limites de votre chien et de lui offrir une vie heureuse et épanouissante. N'oubliez pas qu'il est important de continuer à apprendre sur votre chien et de vous adapter à ses besoins et à ses limites au fil du temps.

Apprendre à vivre en société.

Il est crucial de socialiser votre chien dès son plus jeune âge afin qu'il apprenne à vivre en société de manière pacifique et agréable. Voici quelques conseils pour y parvenir :

- Faites en sorte qu'il reçoive suffisamment d'exercice et de divertissement pour éviter qu'il ne s'ennuie ou ne devienne agité.

- Apprenez à votre chien à obéir à des ordres de base comme "assis", "couché", et "au pied" pour lui montrer qui est le chef de meute et pour lui apprendre à se calmer.
- Utilisez le renforcement positif pour renforcer les comportements souhaitables de votre chien et pour lui montrer qu'il peut obtenir des récompenses lorsqu'il se comporte de manière appropriée.
- Évitez de mettre votre chien en situation de stress ou de confrontation, comme le fait de le laisser seul avec d'autres chiens qu'il ne connaît pas ou de le mettre en présence de nourriture ou de jouets qui pourraient provoquer des bagarres.
- S'il a tendance à se montrer agressif envers les autres chiens, évitez de le laisser seul avec eux et assurez-vous de toujours avoir le contrôle de la situation en utilisant une laisse et un harnais.
- Faites en sorte qu'il rencontre régulièrement d'autres chiens et d'autres personnes de manière à lui permettre de développer de bonnes compétences sociales.
- Commencez à socialiser votre chien dès son plus jeune âge, lorsqu'il est encore en phase de développement social et émotionnel. Cela lui permettra de développer de bonnes compétences sociales et de mieux gérer les situations sociales stressantes.
- Faites en sorte qu'il rencontre régulièrement d'autres chiens et d'autres personnes dans des situations contrôlées, comme lors de promenades en laisse ou de visites chez des amis et de la famille.
- S'il a tendance à être timide ou craintif en présence d'autres chiens ou de personnes, faites en sorte de le mettre en situation de manière progressive et de lui donner le temps de s'habituer à ces nouvelles expériences.

En résumé, apprendre à votre chien à vivre en société requiert du temps et de la patience. En suivant ces conseils et en travaillant avec un professionnel, vous pouvez l'aider à développer de bonnes compétences sociales et à mieux gérer les situations sociales stressantes.

Apprendre la propreté à votre chien.

Il est primordial d'enseigner la propreté à votre chien pour de nombreuses raisons. Tout d'abord, cela vous permet de maintenir votre maison propre et sans odeur désagréable. Deuxièmement, cela peut aider à prévenir les accidents et les dommages causés par lui à votre maison. En outre, l'apprentissage de la propreté peut être bénéfique pour la santé de votre chien, car cela l'aide à éviter les infections des voies urinaires et autres problèmes de santé liés aux mauvaises habitudes d'hygiène.

Voici quelques conseils qui peuvent vous aider à apprendre la propreté à votre chien :
- Commencez à entraîner votre chien dès son plus jeune âge, lorsqu'il est encore en phase de développement et qu'il a une capacité de concentration plus importante.
- Choisissez un endroit précis de votre jardin ou de votre maison pour qu'il fasse ses besoins et faites en sorte qu'il y aille toujours. Cela lui permettra de comprendre que cet endroit est réservé à cet usage.
- Faites sortir votre chien régulièrement, en particulier après qu'il a mangé ou bu, et lorsqu'il a fini de jouer ou de dormir. Cela lui donnera l'occasion de faire ses besoins de manière régulière.

- Encouragez-lui à faire ses besoins en lui donnant des récompenses, comme des friandises ou des caresses, lorsqu'il fait ses besoins à l'endroit prévu.
- S'il fait ses besoins à l'intérieur, nettoyez soigneusement l'endroit pour enlever toute trace d'odeur, afin qu'il ne soit pas tenté de recommencer.
- Si vous voyez qu'il commence à faire ses besoins à l'intérieur, emmenez-le immédiatement dehors pour qu'il puisse finir au bon endroit. En étant attentif et en étant patient, vous pouvez l'aider à devenir propre et à suivre les règles de propreté de votre maison.
- S'il a du mal à apprendre la propreté, ou s'il a des accidents réguliers, n'hésitez pas à consulter un vétérinaire ou un comportementaliste animalier pour obtenir de l'aide. Ils pourront vous aider à identifier les causes de ces comportements et à mettre en place des stratégies de gestion adaptées à vos besoins.

En résumé, apprendre la propreté à un chien requiert de la patience et de la persévérance. En suivant ces conseils et en travaillant avec un professionnel, vous devriez être en mesure d'l'aider à comprendre comment faire ses besoins de manière appropriée.

Apprendre à ne pas aboyer.

Voici quelques conseils qui peuvent vous aider à apprendre à votre chien à ne pas aboyer :

- Identifiez la cause son aboiement. Est-ce qu'il aboie lorsqu'il a faim, lorsqu'il a soif, lorsqu'il a besoin de sortir, lorsqu'il s'ennuie, lorsqu'il est stressé, ou lorsqu'il est excité? Comprendre la cause de son aboiement vous permettra de mettre en place des stratégies pour gérer ce comportement de manière appropriée.
- Faites en sorte qu'il reçoive suffisamment d'exercice et de divertissement pour éviter qu'il ne s'ennuie ou ne devienne agité.
- Apprenez-lui à obéir à des ordres de base comme "assis", "couché", et "au pied", qui lui permettront de mieux gérer les situations stressantes et de se calmer lorsqu'il est en présence de stimuli qui le font aboyer.
- Utilisez le renforcement positif pour renforcer les comportements souhaitables de votre chien et pour lui montrer qu'il peut obtenir des récompenses lorsqu'il se comporte de manière appropriée.
- S'il aboie de manière récurrente, utilisez un "arrêt" ou un "non" ferme et immédiat pour lui montrer que cet aboiement n'est pas acceptable.
- S'il aboie lorsqu'il s'ennuie, donnez-lui des jouets à mâcher ou à interagir, comme une balle ou un Kong, pour l'aider à canaliser son énergie.

En résumé, apprendre à votre chien à ne pas aboyer peut prendre du temps et de la patience, mais en suivant ces conseils, vous pouvez l'aider à comprendre et à gérer son aboiement de manière appropriée.

Apprendre à ne pas mordille.

Il est normal qu'il mordille, surtout s'il est encore un chiot et qu'il explore son environnement de cette façon. Cependant, il est nécessaire de lui enseigner à ne pas mordiller, car cela peut être dangereux pour les personnes et les animaux qui l'entourent et peut entraîner des comportements indésirables tels que l'agression. Voici quelques étapes que vous pouvez suivre pour enseigner à votre chien à ne pas mordiller

1. **Ignorez les comportements de mordillement.** S'il mordille, ignorez-le complètement. Ne le récompensez pas en lui donnant de l'attention ou en jouant avec lui, même s'il a l'air de vous supplier. Si vous répondez à ses demandes, vous lui enseignez que cela fonctionne et il continuera de le faire.
2. **Redirigez son attention sur des jouets appropriés.** S'il mordille, donnez-lui un jouet approprié sur lequel mordiller. Encouragez-le à jouer avec le jouet en le félicitant et en lui donnant des friandises chaque fois qu'il y mordille.
3. **Enseignez-lui un commandement de "non" ou "arrête".** Utilisez le commandement "non" ou "arrête" chaque fois qu'il commence à mordiller. Récompensez-le chaque fois qu'il obéit à ce commandement.
4. **Surveillez votre chien et intervenez rapidement.** S'il commence à mordiller, intervenez rapidement en utilisant le commandement "non" ou "arrête" et en le redirigeant vers un jouet approprié. Plus vous interviendrez rapidement, plus il sera facile pour lui de comprendre ce que vous attendez de lui.
5. Il faut noter que le mordillement agressif peut être un signe de stress ou de frustration chez votre chien. Assurez-vous de lui donner suffisamment d'exercice et de stimulation mentale, et de lui offrir un environnement sécurisé et stable. S'il a du mal à contrôler ses comportements de mordillement, il peut être utile de lui donner des jouets à mâcher ou des os à mâcher pour l'aider à dépenser son énergie de manière appropriée.
6. Il peut prendre du temps pour qu'il arrête de mordiller, mais avec de la patience et de la diligence, vous pouvez lui enseigner cette bonne habitude.

Voici quelques exemples de la façon dont vous pourriez enseigner à votre chien un commandement de "non" ou "arrête" :

1. **Choisissez un mot ou une phrase que vous allez utiliser comme commandement.** Vous pouvez utiliser "non" ou "arrête", ou tout autre mot ou phrase qui vous semble approprié. L'important est de choisir un mot ou une phrase que vous utilisez systématiquement chaque fois que vous voulez qu'il arrête de faire quelque chose.
2. **Utilisez l'ordre de manière ferme et cohérente.** Chaque fois qu'il commence à faire quelque chose que vous voulez qu'il arrête, utilisez l'ordre de manière ferme et cohérente. Par exemple, S'il saute sur les gens, utilisez l'ordre "non" ou "stop" chaque fois qu'il commence à sauter et redirigez-le vers une activité appropriée.

3. **Récompensez votre chien chaque fois qu'il obéit au commandement.** Chaque fois qu'il arrête de faire quelque chose que vous voulez qu'il arrête suite à votre commandement, récompensez-le avec une friandise ou une attention positive. Cela lui enseignera qu'il y a des avantages à obéir à votre commandement.
4. **Soyez patient et consistent.** Enseignez-lui un commandement de "non" ou "arrête" peut prendre du temps et de la patience. Soyez consistent dans votre utilisation du commandement et récompensez votre chien chaque fois qu'il obéit pour l'encourager à continuer de le faire.

En utilisant ces étapes de manière consistante, vous devriez être en mesure d'enseigner à votre chien un commandement de "non" ou "arrête" efficacement.

Apprendre à aller au panier.

Pour apprendre à votre chien à aller au panier, vous pouvez suivre ces étapes :

- Choisissez un panier confortable et accessible pour lui. Placez-le dans une zone de votre maison où il passe souvent.
- Commencez à utiliser le mot "panier" chaque fois qu'il entre dans son panier. Vous pouvez également utiliser un geste de la main ou un clic pour renforcer ce signal.
- Récompensez votre chien chaque fois qu'il entre dans son panier de manière volontaire. Vous pouvez utiliser des friandises, des caresses ou des mots d'encouragement pour le récompenser.
- Une fois qu'il a compris le concept de "panier", commencez à utiliser le mot "va au panier" pour lui demander d'y aller. Utilisez le geste ou le clic pour renforcer le signal.
- Récompensez votre chien chaque fois qu'il va au panier sur commande. Continuez à répéter l'exercice jusqu'à ce qu'il y aille de manière fiable lorsque vous le lui demandez.

Il faut prendre le temps nécessaire pour qu'il comprenne bien la commande et de le récompenser chaque fois qu'il réussit à y aller sur commande.

S'il refuse d'obéir ?

S'il refuse d'aller au panier sur commande, voici quelques conseils que vous pouvez suivre :

1. Assurez-vous qu'il comprend bien la commande. Utilisez des mots clairs et simples, et utilisez le même signal (mot, geste, clic) chaque fois que vous lui demandez d'aller au panier.
2. Vérifiez qu'il a accès au panier en tout temps et qu'il est confortable et accessible. S'il ne veut pas aller au panier, cela pourrait être dû à un problème de confort ou d'accessibilité.
3. Soyez patient et n'oubliez pas de lui récompenser chaque fois qu'il y va sur commande, même s'il met un peu de temps à y aller. Cela l'encouragera à répéter le comportement souhaité.
4. S'il persiste à refuser d'aller au panier, il est possible qu'il y ait un problème de santé ou de douleur qui l'empêche de se déplacer facilement. Dans ce cas, il est nécessaire de consulter un vétérinaire pour évaluer la situation.

Apprendre à marcher en laisse ?

Apprendre à votre chien à marcher en laisse peut être un processus facile si vous suivez les bonnes étapes. Voici comment procéder :

- **Choisissez une laisse et un collier appropriés pour votre chien.** Assurez-vous que la laisse est assez longue pour qu'il puisse bouger librement, mais pas trop longue pour qu'il puisse s'échapper ou se prendre dans des objets. Utilisez un collier en nylon ou en cuir plutôt qu'un harnais, car cela facilitera la transmission de vos commandes.
- **Commencez par de courtes promenades en laisse.** Attachez la laisse à votre chien et marchez dans votre cour ou dans un endroit calme pour lui permettre de s'habituer à la sensation de la laisse.
- **Encouragez votre chien à marcher à vos côtés.** Utilisez une friandise ou un jouet pour l'encourager à marcher près de vous. S'il tire sur la laisse, arrêtez-vous et attendez qu'il se calme avant de reprendre la promenade.
- **Faites en sorte qu'il marche à vos côtés sans distraction.** Une fois qu'il marche bien en laisse dans un environnement calme, essayez de le promener dans des endroits plus animés pour lui permettre de s'habituer aux distractions.
- **Récompensez votre chien chaque fois qu'il marche en laisse de manière calme et obéissante.** Cela l'encouragera à répéter le comportement souhaité.

Vous devez de prendre le temps nécessaire pour qu'il s'habitue à marcher en laisse et de ne pas le laisser seul en laisse avant qu'il ne soit prêt.

S'il refuse d'obéir ?

S'il refuse d'obéir à vos commandes lorsque vous marchez en laisse, voici quelques conseils que vous pouvez suivre :

1. Assurez-vous qu'il comprend bien la commande. Utilisez des mots clairs et simples, et utilisez le même signal (mot, geste, clic) chaque fois que vous lui demandez de marcher en laisse.
2. Vérifiez qu'il a bien été entraîné à obéir à cette commande. S'il n'a pas été entraîné à marcher en laisse de manière efficace, il est possible qu'il ne comprenne pas ce que vous attendez de lui.
3. Soyez patient et n'oubliez pas de récompenser votre chien chaque fois qu'il marche en laisse de manière calme et obéissante. Cela l'encouragera à répéter le comportement souhaité.
4. S'il persiste à refuser d'obéir, il est possible qu'il y ait un problème de santé ou de douleur qui l'empêche de se déplacer facilement. Dans ce cas, il faut consulter un vétérinaire pour évaluer la situation.

Promener son chien sans laisse

Il est recommandé de toujours promener votre chien en laisse lorsque vous êtes en dehors de votre propriété, sauf dans les zones où les chiens sont autorisés à être en liberté. La laisse permet de le protéger et les autres personnes et animaux. Toutefois, il est possible de le promener sans laisse dans certaines situations, mais cela nécessite une bonne obéissance de sa part et une supervision attentive de votre part. Voici quelques étapes que vous pouvez suivre pour promener votre chien sans laisse de manière sécuritaire:

1. **Assurez-vous qu'il est bien entraîné et obéissant.** Il est nécessaire qu'il réponde rapidement et efficacement à vos commandes de base, comme "assis", "coucher" et "viens".
2. **Choisissez un endroit sécuritaire où promener votre chien sans laisse**. Les parcs pour chiens et les aires de jeux pour chiens sont des endroits idéaux où les chiens peuvent être en liberté tout en étant surveillés.
3. **Gardez une distance de sécurité avec les autres personnes et animaux**. Si vous rencontrez d'autres personnes ou animaux pendant la promenade, assurez-vous qu'il reste à une distance raisonnable et ne les approche pas sans votre autorisation.
4. **Soyez attentif et prêt à intervenir en cas de besoin.** Même S'il est bien entraîné, il faut rester vigilant et de lui rappeler régulièrement les règles de base. S'il commence à s'éloigner trop loin ou à adopter des comportements indésirables, rappelez-le à l'ordre et faites-le revenir près de vous.

Vous devez respecter les lois et les règlements en vigueur dans votre région concernant les chiens en liberté. Si vous avez des doutes sur les endroits où votre chien peut être en liberté sans laisse, n'hésitez pas à vous renseigner auprès de votre mairie ou de votre éducateur canin.

Apprendre à rester seul à la maison.

Il est important de bien préparer votre chien à être seul à la maison afin de prévenir les comportements destructeurs ou anxieux qui peuvent survenir lorsque le chien se sent abandonné ou stressé. Voici quelques étapes que vous pouvez suivre pour lui apprendre à rester seul à la maison :

1. Commencez par de courtes périodes de séparation. Laissez-le seul pendant de courtes périodes, puis revenez le récompenser avec des friandises et des caresses. Progressivement, augmentez la durée des périodes de séparation.
2. Donnez-lui des jouets et des os à mâcher pour l'occuper pendant que vous êtes absent. Cela l'aidera à passer le temps et à s'épargner de l'anxiété.
3. Laissez une radio ou la télévision allumée pour qu'il ait de la compagnie pendant votre absence.
4. Ne faites pas de départ dramatique. Ne lui donnez pas l'impression que vous partez pour toujours chaque fois que vous quittez la maison.

5. Ignorez ses comportements anxieux ou destructeurs. Ne le récompensez pas en lui donnant de l'attention lorsqu'il se comporte de cette manière, car cela pourrait renforcer ces comportements indésirables.

Il est conseillé de prendre le temps nécessaire pour qu'il s'habitue à être seul à la maison et de ne pas le laisser seul pendant de trop longues périodes avant qu'il ne soit prêt.

S'il refuse ?

S'il refuse de rester seul à la maison ou si vous remarquez des signes d'anxiété ou de tristesse lorsque vous le laissez seul, voici quelques conseils que vous pouvez suivre :

- Assurez-vous de bien préparer votre chien à être seul. Suivez les étapes mentionnées précédemment pour lui apprendre à rester seul de manière progressive et récompensez-le chaque fois qu'il reste seul de manière calme et sereine.
- S'il a du mal à être seul, vous pouvez essayer de le distraire avec des jouets et des os à mâcher pour l'occuper pendant que vous êtes absent. Vous pouvez également laisser la radio ou la télévision allumée pour lui donner de la compagnie.
- S'il a des comportements destructeurs ou anxieux lorsqu'il est seul, il est recommandé de ne pas le récompenser en lui donnant de l'attention lorsqu'il se comporte de cette manière. Cela pourrait renforcer ces comportements indésirables.
- Faites en sorte qu'il ait suffisamment d'exercice et de stimulation avant de le laisser seul. Un chien qui s'est dépensé physiquement et mentalement est moins enclin à être anxieux ou à s'ennuyer lorsqu'il est seul.
- Faites en sorte qu'il ait une routine quotidienne. Cela peut l'aider à se sentir en sécurité et à être moins anxieux lorsqu'il est seul.
- Essayez de créer un environnement calme et confortable pour votre chien lorsqu'il est seul. Cela peut inclure une caisse ou un coussin confortable pour qu'il puisse se reposer.
- Essayez de lui laisser un objet qui a votre odeur pour le rassurer. Cela peut être une chemise ou un vieux pull que vous avez porté récemment.
- S'il a du mal à rester seul et qu'il a tendance à aboyer ou à gémir lorsqu'il est seul, essayez de lui apprendre à rester calme sur commande. Vous pouvez le faire en lui donnant une récompense chaque fois qu'il reste calme lorsque vous êtes absent.
- S'il a de sérieux problèmes d'anxiété de séparation, il peut être utile de consulter un vétérinaire ou un comportementaliste canin. Ces professionnels peuvent vous aider à comprendre pourquoi il a du mal à rester seul et vous donner des conseils sur la façon de l'aider à se sentir plus en sécurité lorsqu'il est seul.

Il est conseillé de prendre le temps nécessaire pour qu'il s'habitue à être seul à la maison et de ne pas le laisser seul pendant de trop longues périodes avant qu'il ne soit prêt.

Apprendre à ne pas sauter sur les gens.

Voici quelques conseils qui peuvent vous aider à apprendre à votre chien à ne pas sauter sur les gens:

- Apprenez à votre chien à obéir à des ordres de base comme "assis", "couché", et "au pied", qui lui permettront de mieux gérer les situations sociales et de se calmer lorsqu'il est en présence de personnes.
- Utilisez le renforcement positif pour renforcer les comportements souhaitables de votre chien et pour lui montrer qu'il peut obtenir des récompenses lorsqu'il se comporte de manière appropriée.
- S'il saute sur les gens lorsqu'il est excité, utilisez un "non" ferme et immédiat pour lui montrer que ce comportement n'est pas acceptable.
- Faites en sorte qu'il reçoive suffisamment d'exercice et de divertissement pour éviter qu'il ne s'ennuie ou ne devienne agité.
- S'il saute sur les gens lorsqu'il est stressé ou anxieux, faites preuve de patience et de compréhension, et travaillez avec un professionnel pour mettre en place des stratégies de gestion du stress adaptées à ses besoins.
- S'il saute sur les gens de manière récurrente, faites en sorte de lui donner des alternatives appropriées pour exprimer son excitation, comme jouer avec un jouet ou courir après une balle.
- Enfin, rappelez-vous que les chiens sont des animaux sociaux et qu'ils ont besoin de contact physique et d'affection. Faites en sorte de lui donner suffisamment de caresses et de câlins de manière à satisfaire ses besoins affectifs tout en lui apprenant à ne pas sauter sur les gens.

En résumé, apprendre à votre chien à ne pas sauter sur les gens peut prendre du temps et de la patience, mais en suivant ces conseils, vous pouvez l'aider à comprendre et à gérer ce comportement de manière appropriée.

Apprendre à ne pas manger tout ce qui traîne.

Il est normal qu'il essaie de manger tout ce qui traîne, car il a été élevé pour chasser et trouver de la nourriture. Cependant, il est nécessaire lui enseigner à ne pas manger tout ce qui traîne, car cela peut être dangereux pour sa santé et peut entraîner des comportements indésirables tels que l'accaparement de nourriture ou l'agression envers les personnes qui mangent. Voici quelques étapes que vous pouvez suivre pour enseigner à votre chien à ne pas manger tout ce qui traîne :

- Ne laissez pas de nourriture accessible à votre chien. Si vous ne laissez pas de nourriture accessible, il n'aura pas l'occasion de la trouver et de la manger. Rangez la nourriture dans des contenants fermés et gardez les ordures dans un endroit où il ne peut pas y accéder.
- Enseignez-lui un commandement de "laisse" ou "non". Utilisez le commandement "laisse" ou "non" pour lui demander de laisser tomber un objet qu'il a dans la bouche. Récompensez-le chaque fois qu'il obéit à ce commandement.

- Faites attention à vos propres habitudes alimentaires. Ne lui donnez pas de nourriture pendant que vous mangez et ne le nourrissez pas à la table. Si vous ne lui donnez jamais de nourriture pendant que vous êtes à table, il apprendra que cela n'est pas une source de nourriture.
- Faites attention aux objets qui peuvent être dangereux pour votre chien. S'il a tendance à manger tout ce qui traîne, soyez vigilant quant aux objets qui peuvent être dangereux pour lui, tels que les jouets, les chaussures, les os, les os de poulet et les produits chimiques. Rangez ces objets hors de sa portée ou enseignez-lui à ne pas y toucher.

Il peut prendre du temps pour qu'il arrête de manger tout ce qui traîne, mais avec de la patience et de la diligence, vous pouvez lui enseigner cette bonne habitude.

S'il refuse d'obéir ?

S'il refuse de laisser tomber un objet qu'il a dans la bouche, voici quelques étapes que vous pouvez suivre :

- **Ne paniquez pas.** Si vous paniquez, votre chien peut devenir anxieux ou agressif. Restez calme et essayez de restaurer le calme.
- **Utilisez un commandement de "laisse" ou "non" fermement.** Utilisez un ton ferme et clair pour lui demander de laisser tomber l'objet. Répétez le commandement jusqu'à ce qu'il obéisse.
- **Échangez l'objet contre une friandise.** S'il ne veut pas lâcher l'objet, essayez de lui donner une friandise en échange. Placez la friandise devant sa truffe et attendez qu'il lâche l'objet pour le prendre.
- **Utilisez des mains gantées ou une pince à épiler.** S'il ne veut pas lâcher l'objet et que vous ne pouvez pas l'échanger contre une friandise, vous pouvez utiliser des mains gantées ou une pince à épiler pour retirer l'objet de sa bouche. Faites attention à ne pas vous faire mordre ou à ne pas blesser votre chien.

Vous ne devez pas laisser votre chien manger n'importe quoi, car cela peut être dangereux pour sa santé. S'il refuse de lâcher un objet, restez calme et essayez de trouver une solution de manière pacifique. Si vous avez du mal, n'hésitez pas à demander de l'aide à un professionnel.

Apprendre à ne pas quémander à table.

Il est normal qu'il essaie de quémander de la nourriture pendant que vous êtes à table, car il a appris que c'est une source de nourriture potentielle et il peut être difficile de résister à ses grands yeux implorants. Cependant, il est nécessaire de lui enseigner à ne pas quémander pendant que vous mangez, car cela peut être impoli et peut même entraîner des comportements indésirables tels que l'accaparement de nourriture ou l'agression envers les personnes qui mangent. Voici quelques étapes que vous pouvez suivre pour enseigner à votre chien à ne pas quémander pendant que vous êtes à table :

1. Ignorez les comportements de quémander. Ne donnez pas de nourriture à votre chien pendant que vous mangez, même s'il a l'air de vous supplier. Si vous répondez à ses demandes, vous lui

enseignez que cela fonctionne et il continuera de le faire. Au lieu de cela, ignorez-le complètement pendant que vous mangez.
2. Faites une routine de dîner. Donnez-lui sa propre ration de nourriture à un moment prédéterminé chaque jour, plutôt que de lui donner des restes pendant que vous êtes à table. Cela lui montrera que la nourriture n'est pas disponible pendant que vous mangez et qu'il doit attendre sa propre ration.
3. Enseignez-lui un commandement de "couché". Utilisez le commandement "couché" pour lui demander de s'allonger à côté de vous pendant que vous mangez. Récompensez-le chaque fois qu'il obéit à ce commandement. Cela lui montrera qu'il y a une autre façon acceptable de se comporter pendant que vous mangez.
4. Faites attention à vos propres habitudes alimentaires. Ne laissez pas de nourriture accessible à votre chien pendant que vous mangez et ne le nourrissez pas à la table. Si vous ne lui donnez jamais de nourriture pendant que vous êtes à table, il apprendra que cela n'est pas une source de nourriture.

Il peut prendre du temps pour qu'il arrête de quémander pendant que vous êtes à table, mais avec de la patience et de la diligence, vous pouvez lui enseigner cette bonne habitude.

Comment le préparer à l'arrivée d'un bébé ?

L'arrivée d'un bébé peut être une période de changement importante pour votre chien et il faut le préparer à cet événement afin de faciliter sa transition. Voici quelques étapes que vous pouvez suivre pour le préparer à l'arrivée d'un bébé :

- **Commencez à entraîner votre chien à obéir à de nouvelles règles et limites.** Il est important qu'il comprenne les règles de base et obéisse rapidement et efficacement à vos commandes. Cela lui permettra de mieux comprendre ce qui est attendu de lui lorsque le bébé arrivera.
- **Faites en sorte qu'il soit habitué à être manipulé et touché.** Les bébés sont souvent curieux et ils voudront toucher et explorer votre chien. Assurez-vous qu'il soit habitué à être manipulé et touché de manière douce et appropriée.
- **Préparez votre chien aux bruits et aux odeurs du bébé.** Vous pouvez utiliser des enregistrements de bruits de bébé et de couches sales pour habituer votre chien à ces stimuli.
- **Entraînez votre chien à rester seul pendant de courtes périodes.** Lorsque le bébé arrivera, vous aurez moins de temps à consacrer à votre chien et il faut qu'il soit habitué à rester seul pendant de courtes périodes.
- **Préparez votre chien à l'arrivée de visites.** Lorsque le bébé arrivera, vous aurez probablement de la visite et il faut qu'il soit habitué à la présence d'autres personnes dans votre maison.

Voici quelques conseils pour présenter bébé à votre chien de manière sécuritaire :
- Laissez votre chien renifler bébé à distance et récompensez-le chaque fois qu'il reste calme et obéissant.
- Ne laissez jamais votre chien seul avec bébé, même s'il a l'air calme et obéissant.

- Enseignez-lui à ne pas sauter sur bébé ou à ne pas lui mettre les pattes sur le visage. Utilisez des friandises ou des récompenses pour le récompenser chaque fois qu'il respecte ces règles.
- S'il a tendance à être jaloux ou possessif, vous pouvez lui apprendre à accepter bébé en lui donnant des friandises chaque fois qu'il est proche de bébé et en le récompensant chaque fois qu'il montre un comportement calme et obéissant.

Comment contribuer au bon comportement de votre chien ?
Voici quelques conseils pour contribuer au bon comportement de votre chien lorsque bébé est là :
- Donnez à votre chien suffisamment d'exercice et de stimulation pour qu'il soit calme et détendu en présence de bébé.
- Fixez des limites claires et assurez-vous qu'il les respecte. Utilisez des commandes de base pour lui apprendre à rester à sa place et à ne pas déranger bébé.
- Récompensez votre chien chaque fois qu'il montre un comportement calme et obéissant en présence de bébé. Cela l'encouragera à répéter ce comportement souhaitable.
- Si vous remarquez qu'il a du mal à s'adapter à la présence de bébé ou s'il montre des signes de stress ou d'agressivité, n'hésitez pas à consulter un vétérinaire ou un comportementaliste canin pour obtenir de l'aide.

En résumé, il est nécessaire de préparer votre chien à l'arrivée de bébé en révisant les commandes de base, en l'habituant aux bruits et aux odeurs qui l'entoureront lorsque bébé sera là, et en lui apprenant à respecter les limites et à ne pas sauter sur bébé ou à s'approcher trop près de lui. En suivant ces conseils et en étant attentif aux signes de stress ou d'agressivité de votre chien, vous pouvez contribuer à ce qu'il et votre bébé cohabitent de manière paisible et sécuritaire. Il faut absolument prendre le temps de préparer votre chien à l'arrivée d'un bébé afin de faciliter sa transition et d'assurer la sécurité de tous.
Enfin, il est essentiel de veiller à la sécurité de bébé en tout temps, même s'il a l'air calme et obéissant. Ne laissez jamais votre chien seul avec bébé et surveillez-le attentivement pour vous assurer qu'il ne représente pas un danger pour votre bébé.

Apprendre à monter en voiture ?

Il est important qu'il sache comment monter en voiture de manière sûre et confortable, surtout s'il voyage souvent avec vous. Voici quelques étapes à suivre :

1. **Faites en sorte qu'il soit à l'aise avec la voiture.** Avant de monter en voiture, laissez-le explorer et renifler la voiture à son aise. Donnez-lui des friandises et des jouets près de la voiture pour l'encourager à y aller.
2. **Apprenez à votre chien à entrer dans la voiture sur commande.** Enseignez-lui un commandement tel que "monte" ou "voiture" et récompensez-le chaque fois qu'il obéit. Vous pouvez utiliser une friandise pour l'encourager à entrer dans la voiture.
3. **Faites de courtes balades en voiture.** Une fois qu'il est à l'aise avec l'idée de monter en voiture, commencez à faire de courtes balades pour lui permettre de s'habituer au mouvement de la voiture. Faites des pauses fréquentes pour qu'il puisse se détendre et se dégourdir les pattes.

4. **Augmentez la durée des balades en voiture progressivement.** Une fois qu'il est à l'aise avec les courtes balades en voiture, commencez à augmenter la durée de ces balades progressivement. Faites des pauses fréquentes et récompensez-le chaque fois qu'il se comporte bien en voiture.

5. **Faites attention à la sécurité de votre chien en voiture.** Assurez-vous qu'il est attaché ou dans une caisse de transport pour sa sécurité et celle des autres passagers. Évitez de le laisser seul en voiture, surtout par temps chaud, car il peut surchauffer rapidement.

S'il refuse d'obéir ?
S'il refuse de monter en voiture, voici quelques étapes que vous pouvez suivre :
- **Faites preuve de patience.** N'essayez pas de forcer votre chien à monter en voiture s'il n'en a pas envie. Cela ne fera qu'accroître sa peur et il sera encore moins enclin à essayer de nouveau.
- **Faites en sorte qu'il se sente en sécurité dans la voiture**. Utilisez une caisse de transport ou un harnais de sécurité pour lui offrir un endroit sûr et confortable. Laissez votre chien explorer et renifler la voiture à son aise et donnez-lui des friandises et des jouets près de la voiture pour l'encourager à y aller.

Il peut prendre du temps pour qu'il apprenne à monter en voiture, mais avec de la patience et de la diligence, il devrait être en mesure de le faire en toute sécurité. S'il a du mal à s'y habituer, soyez patient et continuez à travailler avec lui jusqu'à ce qu'il soit à l'aise. Si vous avez du mal, n'hésitez pas à demander de l'aide à un professionnel.

Maîtriser un Chien destructeur.

Un chien destructeur est un animal qui a tendance à détruire des objets, qu'il s'agisse de meubles, de jouets ou de tout autre objet à sa portée. Ce comportement peut être frustrant pour les propriétaires et peut également causer des dommages matériels importants.

Qu'appelle-t-on exactement un chien destructeur ?
Un chien destructeur est un animal qui a tendance à détruire des objets de manière répétée. Ce comportement peut se manifester de différentes manières, comme le fait de mâcher ou de grignoter des objets, de creuser ou de gratter des surfaces, ou encore de déchiqueter des jouets ou des coussins.

Comment un chien devient-il destructeur ?
Il y a plusieurs raisons pour lesquelles un chien peut devenir destructeur. Certaines de ces raisons peuvent être liées à des problèmes émotionnels ou comportementaux, tandis que d'autres peuvent être liées à des facteurs environnementaux.

- **Le stress engendré par la peur :** Un chien qui a peur de certaines choses, comme des bruits forts ou des personnes qu'il ne connaît pas, peut devenir destructeur. Il peut essayer de détruire des objets pour se défouler ou pour tenter de s'échapper d'une situation stressante.

- **Un manque d'activité :** Un chien qui ne reçoit pas suffisamment d'exercice ou de stimulation peut devenir destructeur. Les chiens ont besoin de dépenser de l'énergie et de s'occuper mentalement, et s'ils ne reçoivent pas ces stimuli, ils peuvent développer des comportements indésirables, comme détruire des objets.
- **Hypersensibilité et hyperactivité :** Certains chiens sont plus enclins à être destructeurs en raison de leur tempérament. Les chiens hypersensibles ou hyperactifs peuvent avoir du mal à se calmer et à se concentrer, et ils peuvent avoir tendance à détruire des objets pour dépenser leur énergie excédentaire.

Comment maîtriser un chien destructeur ?

Il peut être difficile de gérer un chien destructeur, mais voici quelques étapes que vous pouvez suivre pour essayer de régler le problème :

1. **Identifiez la cause du comportement destructeur :** Vous devez comprendre pourquoi votre chien agit de cette manière. Est-ce qu'il s'ennuie ? Est-ce qu'il a besoin d'exercice supplémentaire ? Est-ce qu'il manque d'attention ? Comprendre la cause vous aidera à trouver une solution adéquate.
2. **Donnez à votre chien suffisamment d'exercice et d'attention :** assurez-vous qu'il reçoit suffisamment d'exercice physique et mental chaque jour. Cela peut l'aider à évacuer son énergie et à se sentir moins stressé et frustré. De plus, passez du temps chaque jour à jouer avec votre chien et à lui donner de l'attention.
3. **Redirigez son attention :** S'il commence à détruire quelque chose, essayez de le distraire en lui donnant un jouet ou en lui proposant une activité alternative. Cela lui apprendra à se concentrer sur autre chose plutôt que sur les objets inappropriés.
4. **Essayez de le laisser dans une pièce** où il n'y a pas d'objets à détruire ou utilisez une caisse ou une barrière pour l'empêcher d'accéder à ces objets.
5. **Utilisez des méthodes de renforcement positif :** lorsqu'il se comporte bien et n'endommage pas les objets, récompensez-le avec des friandises et des éloges. Cela lui apprendra à associer le comportement souhaité à une récompense positive.
6. **Essayez de lui apprendre à rester seul de manière calme et obéissante.** Vous pouvez le faire en lui laissant une friandise ou un jouet pour le distraire pendant que vous êtes absent et en le récompensant chaque fois qu'il reste calme et obéissant.
7. **Ne punissez jamais votre chien pour un comportement destructeur.** Cela peut renforcer le comportement et le rendre encore plus difficile à arrêter. Au lieu de cela, utilisez une approche positive basée sur les récompenses pour encourager le comportement souhaité.
8. S'il a un comportement destructeur qui semble être causé par de l'anxiété ou du stress, il peut être utile de consulter un vétérinaire ou un comportementaliste canin pour obtenir de l'aide. Ces professionnels peuvent vous aider à comprendre pourquoi votre chien a un comportement destructeur et vous donner des conseils sur la façon de l'aider à se sentir mieux.

9. **Protégez vos objets de valeur** : S'il a tendance à détruire certaines choses en particulier, mettez-les hors de portée de votre animal de compagnie. Cela vous aidera à prévenir les dommages futurs.

Il peut être difficile de régler le problème du comportement destructeur de votre chien, mais en restant patient et en mettant en place des stratégies efficaces, vous devriez pouvoir y arriver. .

S'il refuse d'obéir ?

Il est nécessaire de ne pas perdre patience ni de punir votre chien de manière sévère pour son comportement destructeur. Cela pourrait aggraver le problème et affaiblir votre relation avec votre animal de compagnie. Au lieu de cela, restez calme et patient, et essayez de trouver des solutions positives pour l'aider à surmonter ce comportement indésirable.

Comment arrêter une bagarre entre chiens ?

Les bagarres entre chiens peuvent être effrayantes et dangereuses, surtout lorsqu'elles ont lieu en présence de personnes. Il est donc important de savoir comment gérer une bagarre entre chiens de manière sécuritaire pour éviter les blessures et désamorcer le conflit.

Comprendre les conflits entre chiens et leurs causes.

Les conflits entre chiens peuvent avoir de nombreuses causes, notamment :

- **L'agressivité ou la dominance** : certains chiens peuvent être agressifs ou dominer les autres chiens, ce qui peut entraîner des bagarres.
- **La possession d'objets** : les chiens peuvent se battre pour la possession d'un jouet, d'une friandise ou d'un os à mâcher.
- **La défense de leur territoire** : les chiens peuvent être protecteurs de leur maison, de leur jardin ou de leur personne et peuvent se battre pour défendre ce qui leur appartient.
- **La frustration ou l'excitation** : les chiens peuvent se battre lorsqu'ils sont frustrés ou excités, par exemple lorsqu'ils ne peuvent pas jouer avec un autre chien ou lorsqu'ils sont en présence de personnes ou d'animaux qu'ils ne connaissent pas.

Pouvez-vous éviter le combat ?

Il est souvent possible d'éviter une bagarre entre chiens en étant attentif aux signes avant-coureurs et en intervenant rapidement. Voici quelques conseils pour éviter le combat :

- Soyez vigilant lorsqu'il est en présence d'autres chiens. Si vous remarquez des signes de tension ou d'agressivité, éloignez votre chien avant qu'il ne soit trop tard.
- S'il a tendance à être agressif ou possessif, faites en sorte de le contrôler en utilisant une laisse et un collier appropriés et en lui apprenant les commandes de base.

- Évitez de mettre votre chien dans des situations stressantes ou frustrantes, telles que des promenades dans des endroits bondés ou la présence de personnes ou d'animaux qu'il ne connaît pas.
- S'il a tendance à être excité ou surprotecteur, essayez de le calmer en lui donnant suffisamment d'exercice et de stimulation et en lui apprenant à se calmer sur commande.

Conseils pour mettre fin à la bagarre :
Malheureusement, il n'est pas toujours possible d'éviter une bagarre entre chiens. Il est nécessaire de savoir comment arrêter une bagarre entre chiens de manière sécuritaire, car cela peut être dangereux pour les chiens et les personnes présentes. Si une bagarre éclate malgré tous vos efforts, voici quelques conseils pour la mettre fin de manière sécuritaire :

1. **Restez calme.** Si vous paniquez, vous risquez d'exciter davantage les chiens et d'aggraver la situation. Essayez de rester calme et de ne pas crier.
2. **Éloignez les chiens de la zone de bagarre.** Si vous le pouvez, éloignez les chiens de la zone de bagarre en les séparant ou en les ramenant à l'intérieur ou dans un enclos sécurisé. Si cela n'est pas possible, utilisez un objet solide (par exemple, un parapluie ou un manche à balai) pour les séparer de manière à ne pas vous blesser. Si vous ne pouvez pas les éloigner, faites en sorte de créer un obstacle entre eux pour les séparer.
3. **Utilisez un objet pour distraire les chiens.** Si vous avez un objet à portée de main, comme un spray au poivre ou un sifflet, utilisez-le pour distraire les chiens et les détourner de leur bagarre.
4. **Utilisez de l'eau pour les refroidir.** Si vous avez un tuyau d'arrosage ou une bouteille d'eau à portée de main, utilisez-les pour asperger les chiens et les refroidir. Cela peut les aider à se calmer et à arrêter de se battre.
5. **Appelez de l'aide.** Si vous êtes seul et que vous ne parvenez pas à arrêter la bagarre, appelez de l'aide immédiatement.

Il est primordial de ne pas mettre votre propre sécurité en danger en essayant de séparer des chiens qui se battent. Si vous êtes seul et que vous ne parvenez pas à arrêter la bagarre, appelez de l'aide immédiatement. Si vous avez des enfants ou des personnes âgées dans les parages, faites en sorte qu'ils soient à l'abri avant de tenter quoi que ce soit.

Que faire si les chiens refusent d'arrêter la bagarre ?
- Il peut être difficile d'arrêter une bagarre entre chiens, surtout si les chiens sont très excités ou agressifs. Si les chiens refusent de se calmer et de s'arrêter de se battre, Il peut être utile de faire du bruit ou d'utiliser un objet pour distraire les chiens et essayer de les faire fuir. Si vous ne parvenez pas à mettre fin à la bagarre et que vous êtes en danger, il est important de s'éloigner et de contacter les autorités ou la police. Ne tentez pas de séparer les chiens vous-même si vous n'avez pas les compétences ou les moyens de le faire en toute sécurité.

- ☞ Il est également important de se rappeler que les chiens peuvent être imprévisibles et qu'il est toujours préférable de prendre des précautions pour éviter les bagarres plutôt que de devoir essayer de les arrêter une fois qu'elles ont commencé.
- ☞ Il est primordial de ne pas mettre votre propre sécurité en danger en essayant de séparer des chiens qui se battent. Si vous êtes seul et que vous ne parvenez pas à arrêter la bagarre, appelez de l'aide immédiatement. Si vous avez des enfants ou des personnes âgées dans les parages, faites en sorte qu'ils soient à l'abri avant de tenter quoi que ce soit.

Comprendre le langage de votre chien.

Le langage corporel des chiens est une forme importante de communication et peut nous aider à mieux comprendre ce que ressent notre animal de compagnie. En observant attentivement les postures, les oreilles, la gueule, le pelage et la queue de votre chien, vous pouvez en apprendre beaucoup sur ses émotions et ses intentions. Voici quelques exemples de ce que peut signifier le langage corporel de votre chien :

- **S'il penche la tête sur le côté**, cela peut signifier qu'il est intéressé et qu'il veut être ami. Vous pouvez répondre en lui parlant doucement et en lui offrant une récompense, comme une friandise ou une caresse.
- **S'il remonte ses lèvres pour montrer ses dents,** cela peut signifier qu'il est agressif et qu'il veut que vous vous éloigniez. Si ce comportement est accompagné d'un grognement, cela peut être un avertissement clair qu'il ne faut pas approcher. Dans ce cas, il ne faut pas approcher et de respecter son espace personnel.
- **S'il a les oreilles relevées,** cela peut signifier qu'il est curieux et qu'il veut en savoir plus sur ce qui se passe. Vous pouvez répondre en lui parlant doucement et en lui offrant une récompense s'il se comporte bien.
- **S'il a les oreilles en arrière ou couchées,** cela peut signifier qu'il est mal à l'aise ou qu'il a peur. Dans ce cas, il ne faut pas le brusquer et de le rassurer en lui parlant doucement et en lui offrant une récompense s'il se comporte bien.
- **S'il a les yeux mi-clos,** cela peut signifier qu'il se sent en sécurité et détendu. Si ses yeux sont grands ouverts, cela peut signifier qu'il est excité et prêt à jouer ou à chasser.
- **S'il lève une patte avant,** cela peut signifier qu'il veut jouer. Cela peut signifier qu'il veut que vous jouiez avec lui tout de suite. S'il bondit autour de vous ou d'un autre chien, cela peut signifier qu'il veut que vous couriez après lui. Vous pouvez répondre en lui offrant un jouet ou en lui proposant une activité ludique.
- **S'il bondit autour de vous ou d'un autre chien,** cela peut signifier qu'il veut que vous couriez après lui. Vous pouvez répondre en lui proposant une activité physique, comme une promenade ou un jeu de balle. Dans ce cas, il est nécessaire de lui montrer que vous êtes le chef de meute en lui donnant des ordres simples et en le félicitant lorsqu'il les exécute correctement. Si ce comportement est accompagné d'un grognement et d'une queue remuant doucement, cela peut signifier qu'il essaie de montrer sa dominance. Dans ce cas, il est crucial de rester calme et de lui montrer que vous êtes le chef de meute en lui donnant des ordres simples et en le félicitant lorsqu'il les exécute correctement.
- **S'il a les oreilles dressées,** la queue et les poils du cou relevés, cela peut signifier qu'il se sent en confiance et qu'il veut montrer sa dominance. Si ce comportement est accompagné d'un grognement et d'une queue remuant doucement, cela peut signifier qu'il veut que vous sachiez qui est le chef.
- **S'il se tapit, a la queue basse et aboie de manière exagérée,** cela peut signifier qu'il essaie de montrer sa dominance. Si ce comportement est accompagné de léchages, cela peut signifier qu'il veut montrer son affection et sa loyauté. Dans ce cas vous devez de lui montrer que vous êtes le

chef de meute en lui donnant des ordres simples et en le félicitant lorsqu'il les exécute correctement. Si ce comportement est accompagné de léchages, cela peut signifier qu'il veut montrer son affection et sa loyauté. Vous pouvez répondre en lui offrant une récompense ou en lui donnant une caresse.

- **S'il se met sur le dos,** cela peut signifier qu'il se sent vulnérable et qu'il fait confiance à son propriétaire. Dans ce cas, il faut le rassurer en lui parlant doucement et en lui offrant une récompense s'il se comporte bien.
- **S'il a la queue battante librement,** cela peut signifier qu'il est heureux et qu'il veut être ami. Vous pouvez répondre en lui offrant une récompense ou en lui donnant une caresse.
- **Si sa queue bat horizontalement, lentement et avec force,** cela peut signifier qu'il est agressif et qu'il pourrait mordre. Dans ce cas, il ne faut pas l'approcher et de respecter son espace personnel.
- **Si sa queue est basse au-dessus de ses quartiers arrière,** cela peut signifier qu'il a peur. Dans ce cas, il ne faut pas le brusquer et de le rassurer en lui parlant doucement et en lui offrant une récompense s'il se comporte bien.
- **Si sa queue est basse et battante,** cela peut signifier qu'il est désolé ou qu'il veut montrer sa soumission. Dans ce cas, il est recommandé de ne pas le gronder et de le rassurer en lui parlant doucement et en lui offrant une récompense s'il se comporte bien.

Comprendre le léchage de chien :

Le léchage est un comportement normal chez les chiens et ils le font pour diverses raisons.

1. **Tout d'abord,** le léchage est un moyen pour les chiens de se nettoyer et de maintenir leur peau et leur pelage en bonne santé. Les chiens ont des glandes sudoripares dans leur peau qui produisent un liquide qui peut être léché et qui les aide à se rafraîchir. Le léchage peut également aider à éliminer les parasites et à prévenir les infections de la peau.
2. **Deuxièmement**, le léchage est un moyen pour les chiens d'exprimer leur affection et leur loyauté envers leurs maîtres et leurs congénères. Les chiens peuvent lécher le visage, les mains ou les pieds de leurs propriétaires pour montrer leur affection et leur soumission. Le léchage peut également être utilisé comme une forme de communication entre les chiens et les humains, comme un moyen de demander de l'attention ou de montrer leur soumission.
3. **Troisièmement,** le léchage peut être un comportement de marquage territorial. Les chiens peuvent lécher des objets ou des surfaces pour marquer leur territoire et communiquer avec d'autres chiens. Par exemple, un chien peut lécher les murs ou les meubles pour marquer son territoire ou pour indiquer aux autres chiens qu'il est le chef de meute.

Le léchage excessif, cependant, peut être un signe de problèmes de santé ou de comportement. S'il lèche de manière excessive, il est recommandé de consulter un vétérinaire pour éliminer tout problème de santé sous-jacent, comme des problèmes de peau, des allergies, des parasites ou des troubles du comportement alimentaire. Le léchage excessif peut également être causé par de l'anxiété de séparation, ce qui peut se manifester par un léchage excessif de la queue, des pattes ou de la peau lorsque le chien est laissé seul.

Pour gérer le léchage excessif chez les chiens, il faut comprendre la cause de ce comportement et de mettre en place des stratégies adaptées à ses besoins individuels. Cela peut inclure des changements dans son régime alimentaire, l'utilisation de médicaments ou de thérapies comportementales, ou la mise en place de routines de soins pour aider à réduire l'anxiété. Si vous êtes inquiet pour le bien-être de votre chien ou si vous avez des questions sur le léchage excessif, il est recommandé de consulter un vétérinaire ou un comportementaliste animalier pour obtenir des conseils professionnels. Il peut être utile de tenir un journal du comportement de votre chien, en notant la fréquence et la durée du léchage excessif, ainsi que les circonstances dans lesquelles il se produit. Cela peut aider à identifier les facteurs déclencheurs et à mettre en place des stratégies de gestion adaptées.

Il est également important de s'assurer qu'il reçoit une alimentation équilibrée et de qualité, ainsi qu'un accès à une eau propre et fraîche. S'il présente des problèmes de peau ou de pelage, il est recommandé de le brosser régulièrement et de lui offrir des soins de qualité pour maintenir sa peau et son pelage en bonne santé. Il peut être utile de mettre en place des routines de soins pour aider à réduire l'anxiété de séparation et à prévenir le léchage excessif lorsque vous êtes absent. Cela peut inclure des jouets à mâcher pour divertir votre chien, de la musique ou de la télévision pour lui tenir compagnie, ou des exercices de renforcement positif pour l'aider à se détendre et à se calmer.

Quand il creuse la terre ?

Les chiens creusent la terre pour diverses raisons.

1. **Tout d'abord**, creuser peut être un comportement instinctif pour les chiens, en particulier ceux qui ont été sélectionnés pour chasser et poursuivre des proies. Les chiens peuvent creuser pour trouver des proies enterrées ou pour créer des cachettes pour les chasses futures.
2. **Deuxièmement,** creuser peut être un comportement de marquage territorial pour les chiens. En creusant, les chiens peuvent marquer leur territoire et communiquer avec d'autres chiens. Les chiens peuvent également creuser pour marquer leur territoire en déposant de l'urine ou en laissant des traces olfactives dans la terre.
3. **Troisièmement**, creuser peut être un comportement de distraction ou de dépense d'énergie pour les chiens qui sont laissés seuls pendant de longues périodes ou qui ne reçoivent pas assez d'exercice. Les chiens qui sont sous-stimulés ou qui s'ennuient peuvent creuser pour passer le temps ou pour s'occuper.

Enfin, creuser peut être un comportement de recherche de confort ou de fraîcheur pour les chiens. Les chiens peuvent creuser pour trouver un endroit frais et ombragé où se reposer ou pour creuser un trou dans lequel s'allonger lorsqu'il fait chaud.

Il faut comprendre les raisons pour lesquelles votre chien creuse afin de pouvoir mettre en place des stratégies de gestion appropriées. S'il creuse par instinct de chasse, il peut être utile de lui offrir des jouets à mâcher et des friandises pour l'aider à canaliser son énergie et à satisfaire ses besoins de mâchage. S'il creuse pour marquer son territoire, il peut être utile de lui apprendre à obéir à des ordres de base comme "assis" et "couché" pour lui montrer qui est le chef de meute et pour lui apprendre à se calmer. S'il creuse en raison de l'ennui ou de la sous-stimulation, il est nécessaire de lui offrir suffisamment d'exercice et de divertissement. Cela peut inclure des promenades quotidiennes, des jeux et des exercices de renforcement positif pour l'aider à se dépenser et à se détendre. Vous pouvez également essayer de lui offrir des jouets à mâcher et des friandises pour l'occuper pendant que vous êtes absent.

Enfin, S'il creuse pour trouver un endroit frais et ombragé, il est important de s'assurer qu'il a accès à un endroit frais et ombragé dans votre jardin ou dans votre maison. Vous pouvez également essayer de lui offrir un kennel ou un abri pour lui permettre de se reposer à l'ombre et de se protéger des intempéries.

En résumé, les chiens creusent la terre pour diverses raisons, y compris l'instinct de chasse, le marquage territorial, l'ennui ou la sous-stimulation, et la recherche de confort ou de fraîcheur. Il faut comprendre les raisons pour lesquelles votre chien creuse et de mettre en place des stratégies de gestion adaptées à ses besoins individuels pour aider à gérer ce comportement de manière appropriée.

Comprendre pourquoi il vole des objets.

Il y a plusieurs raisons pour lesquelles un chien peut voler des objets.

1. **Tout d'abord**, le vol d'objets peut être un comportement instinctif pour les chiens, en particulier ceux qui ont été sélectionnés pour chasser et poursuivre des proies. Les chiens peuvent voler des objets pour les mâcher ou les cacher, ou pour jouer à "apporter" et "ramener".
2. **Deuxièmement**, le vol d'objets peut être un comportement de distraction ou de dépense d'énergie pour les chiens qui sont laissés seuls pendant de longues périodes ou qui ne reçoivent pas assez d'exercice. Les chiens qui s'ennuient peuvent voler des objets pour passer le temps ou pour s'occuper.
3. **Troisièmement,** le vol d'objets peut être un comportement de recherche de nourriture ou de récompense pour les chiens qui ont faim ou qui sont très récompensés lorsqu'ils apportent des objets. S'il est régulièrement récompensé lorsqu'il apporte des objets, il peut être tenté de voler des objets pour obtenir une récompense.

Enfin, le vol d'objets peut être un comportement anxieux ou stressé pour les chiens qui sont anxieux ou qui ont des problèmes de comportement. S'il est anxieux ou stressé, il peut voler des objets pour essayer de se calmer ou de se distraire.

Il faut comprendre les raisons pour lesquelles votre chien vole des objets afin de pouvoir mettre en place des stratégies de gestion appropriées.

1. **S'il vole des objets par instinct de chasse,** il peut être utile de lui offrir des jouets à mâcher et des friandises pour l'aider à canaliser son énergie et à satisfaire ses besoins de mâchage.
2. **S'il vole des objets en raison de l'ennui ou de la sous-stimulation,** il est recommandé de lui offrir suffisamment d'exercice et de divertissement. Cela peut inclure des promenades quotidiennes, des jeux et des exercices de renforcement positif pour l'aider à se dépenser et à se détendre. Vous pouvez également essayer de lui offrir des jouets à mâcher et des friandises pour l'occuper pendant que vous êtes absent.
3. **S'il vole des objets pour obtenir une récompense,** il ne faut pas le récompenser lorsqu'il apporte des objets volés et de lui apprendre à obéir à un ordre de "lâcher" ou "échanger". Vous pouvez également essayer de lui offrir des récompenses alternatives, comme des friandises ou des jouets, pour l'encourager à ne voler que ces objets.
4. **Votre chien vole des objets lorsque vous êtes absent de la maison :** S'il a tendance à voler des objets lorsque vous êtes absent, il est possible qu'il souffre d'anxiété de séparation. Dans ce cas, il peut être utile de mettre en place des techniques de renforcement positif pour encourager des comportements souhaitables lorsque vous êtes absent (par exemple, ne pas voler d'objets). Vous pouvez également mettre en place des protocoles de gestion de crise pour l'aider à gérer son anxiété lorsque vous êtes absent (par exemple, en lui offrant un jouet pour le distraire).

5. **Votre chien vole des objets lorsqu'il y a des invités à la maison** : S'il a tendance à voler des objets lorsqu'il y a des invités à la maison, il est possible qu'il ait peur ou qu'il soit stressé par ces nouvelles personnes. Dans ce cas, il peut être utile de mettre en place des techniques de renforcement positif pour encourager des comportements souhaitables (par exemple, ne pas voler d'objets) lorsqu'il y a des invités à la maison. Vous pouvez également mettre en place des protocoles de gestion de crise pour l'aider à gérer son stress ou sa peur (par exemple, en lui offrant un endroit calme et sécurisé où il peut se retirer si besoin).
6. **Votre chien vole des objets lorsqu'il y a des bruits forts ou des situations stressantes** : S'il a tendance à voler des objets lorsqu'il y a des bruits forts ou des situations stressantes, il est possible qu'il soit stressé ou anxieux dans ces situations. Dans ce cas, il peut être utile de mettre en place des techniques de renforcement positif pour encourager des comportements souhaitables (par exemple, ne pas voler d'objets) lorsqu'il y a des bruits forts ou des situations stressantes. Vous pouvez également mettre en place des protocoles de gestion de crise pour l'aider à gérer son stress ou son anxiété (par exemple, en lui offrant un jouet ou un objet de distraction lorsqu'il y a des bruits forts).

En résumé, les chiens volent des objets pour diverses raisons, y compris l'instinct de chasse, l'ennui ou la sous-stimulation, la recherche de nourriture ou de récompense, et l'anxiété ou le stress. Il est important de comprendre les raisons pour lesquelles votre chien vole des objets et de mettre en place des stratégies de gestion adaptées à ses besoins individuels pour aider à gérer ce comportement de manière appropriée.

Comprendre la jalousie de votre chien.

Les chiens peuvent être jaloux pour diverses raisons. Tout d'abord, il faut noter que la jalousie est un comportement complexe qui n'est pas unique aux humains. Les chiens peuvent éprouver de la jalousie lorsqu'ils sont confrontés à une situation où ils perçoivent une menace pour leur relation avec leur propriétaire ou pour leur accès à une récompense ou à un objet de valeur. Voici quelques exemples de situations qui peuvent déclencher de la jalousie chez les chiens :

- L'arrivée d'un nouveau membre de la famille, comme un nouveau bébé ou un nouveau compagnon à quatre pattes, qui reçoit beaucoup d'attention et de récompenses de la part du propriétaire.
- L'arrivée d'un invité ou d'un ami qui reçoit beaucoup d'attention et de récompenses de la part du propriétaire.
- Le partage de l'attention et des récompenses du propriétaire avec d'autres animaux de compagnie ou avec d'autres membres de la famille.
- La perte d'accès à des objets ou à des activités préférées du chien en raison de la présence ou de l'intérêt du propriétaire pour d'autres choses.

Comment identifier sa jalousie ?

Il faut noter que la jalousie n'est pas toujours facile à identifier chez les chiens, car ils ne peuvent pas exprimer leurs émotions de la même manière que les humains. Cependant, voici quelques signes qui peuvent indiquer qu'il est jaloux :

- Il montre de l'agitation ou de l'excitation lorsque vous êtes avec d'autres personnes ou animaux.
- Il essaie de s'interposer entre vous et d'autres personnes o ou animaux ou il essaie de vous attirer l'attention en aboyant ou en sautant sur vous.
- Il montre de l'agression ou de l'hostilité envers d'autres personnes ou animaux qui reçoivent de l'attention ou des récompenses de votre part.
- Il montre des signes de tristesse ou de détresse lorsque vous êtes avec d'autres personnes ou animaux et qu'il n'a pas accès à votre attention ou à des récompenses.

Comment gérer sa jalousie ?

Il est nécessaire de gérer la jalousie de votre chien de manière appropriée afin de maintenir une relation saine et équilibrée entre vous. Voici quelques stratégies qui peuvent vous aider à gérer sa jalousie :

- Donnez-lui suffisamment d'exercice et de divertissement pour éviter qu'il ne s'ennuie ou ne se sente négligé.
- Apprenez-lui à obéir à des ordres de base comme "assis", "couché", et "au pied" pour lui montrer qui est le chef de meute et pour lui apprendre à se calmer.
- Utilisez le renforcement positif pour renforcer ses comportements souhaitables et pour lui montrer qu'il peut obtenir des récompenses lorsqu'il se comporte de manière appropriée.

- Ignorez ses comportements indésirables, comme l'agitation ou l'agression, et ne le récompensez pas lorsqu'il montre de la jalousie. Au lieu de cela, récompensez-le lorsqu'il se comporte de manière calme et bienveillante envers les autres personnes ou animaux.
- Faites preuve de patience et de bienveillance lorsque vous gérez la jalousie de votre chien. Rappelez-vous que la jalousie est un comportement complexe qui nécessite du temps et de la persévérance pour être géré de manière appropriée.

La jalousie peut être un comportement difficile à gérer, mais il est possible de travailler avec votre chien pour l'aider à mieux comprendre et à gérer ses émotions. Voici quelques autres conseils qui peuvent vous aider à gérer sa jalousie :

- Offrez-lui suffisamment de temps de qualité avec vous, en particulier lorsque vous êtes avec d'autres personnes ou animaux. Cela peut aider à renforcer votre relation avec votre chien et à lui montrer que vous êtes toujours là pour lui.
- Évitez de sur-récompenser votre chien lorsque vous êtes avec d'autres personnes ou animaux. Cela peut renforcer son comportement jaloux et lui faire croire qu'il doit se montrer agressif ou anxieux pour obtenir votre attention.
- Encouragez votre chien à jouer avec d'autres chiens ou à interagir avec d'autres personnes ou animaux de manière positive. Cela peut l'aider à développer de meilleures compétences sociales et à se sentir moins jaloux.
- Mettez en place des routines et des règles claires pour votre chien afin qu'il sache ce qui est attendu de lui. Cela peut l'aider à se sentir plus en sécurité et à moins ressentir de jalousie.

La jalousie peut être un comportement normal et sain pour un chien, mais que la jalousie excessive ou l'agression jalouse peuvent être un signe de problèmes de comportement plus graves.

En résumé, la jalousie est un comportement complexe qui peut être difficile à gérer, mais il est possible de travailler avec votre chien pour l'aider à mieux comprendre et à gérer ses émotions. En utilisant des techniques de renforcement positif, en lui offrant suffisamment de temps de qualité avec vous, et en mettant en place des routines et des règles claires, vous pouvez l'aider à se sentir moins jaloux et à développer de meilleures compétences sociales.

Comprendre le grognement de ton chien.

Les chiens grognent pour différentes raisons. Le grognement peut être un comportement normal et sain pour un chien lorsqu'il s'agit d'une façon pour lui de communiquer ses émotions ou ses besoins. Cependant, il est nécessaire de prendre en compte le contexte dans lequel votre chien grogne et de surveiller ses autres comportements pour savoir si son grognement est un signe de problèmes de comportement plus graves.

Voici quelques raisons pour lesquelles votre chien pourrait grogner :
- Il essaie de communiquer qu'il est en détresse ou qu'il a besoin de quelque chose. Par exemple, il pourrait grogner lorsqu'il a faim, soif, froid, ou lorsqu'il a besoin d'aller dehors.
- Il essaie de montrer sa dominance ou de défendre son territoire. Les chiens peuvent grogner lorsqu'ils se sentent menacés ou lorsqu'ils veulent montrer qui est le chef de meute.
- Il essaie de communiquer qu'il est en colère ou qu'il est frustré. Les chiens peuvent grogner lorsqu'ils sont confrontés à une situation qu'ils n'apprécient pas, comme lorsqu'on les oblige à faire quelque chose qu'ils ne veulent pas.

Ce que vous devez faire dans ce cas :
Voici quelques exemples de stratégies que vous pouvez mettre en place pour gérer le son grognement :

- **Identifiez la cause du grognement de votre chien :** Pour l'aider à surmonter ses comportements de grognement, il est crucial de comprendre ce qui déclenche cette réaction. Cela peut être difficile, mais vous pouvez commencer par tenir un journal de bord de votre chien, notant chaque fois qu'il grogne et les circonstances qui entourent ce comportement. Cela vous aidera à identifier les facteurs déclencheurs potentiels et à mettre en place des stratégies pour les gérer.
- **Utilisez des techniques de renforcement positif pour encourager les comportements souhaitables** : Le renforcement positif consiste à récompenser votre chien lorsqu'il montre des comportements souhaitables. Par exemple, S'il cesse de grogner lorsque vous lui parlez, vous pouvez le récompenser avec une friandise ou un jouet préféré. Cette stratégie peut l'aider à associer des comportements positifs à des récompenses agréables et ainsi à abandonner les comportements indésirables.
- **Utilisez des techniques de distraction pour détourner son attention:** Les techniques de distraction peuvent être très utiles pour l'aider à surmonter ses comportements anxieux ou stressants. Par exemple, S'il grogne lorsqu'il y a des invités à la maison, vous pouvez lui offrir un jouet ou un os à mâcher pour le distraire et le détourner de ses comportements indésirables.
- **Mettre en place des protocoles de gestion de crise :** S'il continue à grogner de manière excessive ou destructive, il peut être utile de mettre en place des protocoles de gestion de crise pour bien réagir en cas de crise. Par exemple, vous pouvez mettre en place des signaux de "pause" pour qu'il s'arrête et se calme, ou utiliser des techniques de distraction pour détourner son attention des situations stressantes.

- **Offrez-lui un endroit calme et sécurisé pour se retirer** : S'il est anxieux ou stressé dans certaines situations, il peut être utile de lui offrir un endroit calme et sécurisé où il peut se retirer si besoin. Par exemple, vous pouvez lui donner accès à une pièce ou une cage de sécurité où il peut se retirer et se calmer. Vous pouvez également lui offrir des jouets ou des os à mâcher pour le distraire et l'aider à se calmer.

Vous devez surveiller le contexte dans lequel votre chien grogne et de surveiller ses autres comportements pour savoir s'il y a des raisons de s'inquiéter. Cela pourra vous aider à identifier les causes de ces comportements et à mettre en place des stratégies de gestion adaptées à vos besoins.

Prévenir les bagarres chez mon chien.

Il existe plusieurs stratégies que vous pouvez mettre en place pour prévenir les bagarres chez votre chien :
- Faites en sorte qu'il reçoive suffisamment d'exercice et de divertissement pour éviter qu'il ne s'ennuie ou ne devienne agité.
- Apprenez-lui à obéir à des ordres de base comme "assis", "couché", et "au pied" pour lui montrer qui est le chef de meute et pour lui apprendre à se calmer.
- Utilisez le renforcement positif pour renforcer les comportements souhaitables de votre chien et pour lui montrer qu'il peut obtenir des récompenses lorsqu'il se comporte de manière appropriée.
- Évitez de lui mettre en situation de stress ou de confrontation, comme le fait de le laisser seul avec d'autres chiens qu'il ne connaît pas ou de le mettre en présence de nourriture ou de jouets qui pourraient provoquer des bagarres.
- S'il a tendance à se montrer agressif envers les autres chiens, évitez de le laisser seul avec eux et assurez-vous de toujours avoir le contrôle de la situation en utilisant une laisse et un harnais.
- Si vous remarquez qu'il commence à montrer des signes de stress ou d'agression en présence d'autres chiens, retirez-le de la situation immédiatement et mettez en place une barrière physique pour le séparer.

Vous devez identifier les causes de son agressivité et à mettre en place des stratégies de gestion adaptées à ses besoins individuels.

Quoi faire face à l'agressivité de chien ?

Voici comment je pourrais me comporter face à un chien qui remonte ses lèvres pour montrer ses dents:

- Tout d'abord, je m'assurerais de rester calme et de ne pas montrer ma peur ou mon anxiété devant le chien. En effet, si le chien sent que je suis anxieux ou que je le crains, cela pourrait le rendre encore plus agressif.
- Je prendrais le temps d'observer le chien et de m'assurer que je comprends ce qui se passe. Est-ce que le chien montre ses dents uniquement lorsqu'il est confronté à un certain type de situation (par exemple, lorsqu'il y a de la nourriture ou lorsqu'il y a d'autres chiens) ? Est-ce que le chien montre ses dents de manière récurrente ou est-ce qu'il s'agit d'un comportement isolé ? Est-ce que le chien est en train d'essayer de protéger son territoire ou est-ce qu'il réagit de manière instinctive face à une situation qui lui semble menaçante ?
- En fonction de ce que j'observe, je déterminerais la meilleure approche pour gérer le comportement agressif du chien. Si le chien montre ses dents de manière récurrente ou s'il est agressif envers les humains ou envers d'autres animaux. Si le chien montre ses dents uniquement dans certaines situations précises, je pourrais travailler sur ces situations spécifiques pour lui apprendre à réagir de manière appropriée. Je dois lui apprendre à obéir à des ordres de base (comme "assis", "couché", "au pied") pour lui montrer qui est le chef de meute et pour lui apprendre à se calmer.
- Vous enseigneriez également des techniques de renforcement positif pour renforcer les comportements souhaitables de votre chien et pour lui montrer qu'il peut obtenir des récompenses lorsqu'il se comporte de manière appropriée. Par exemple, S'il aboie de manière agressive lorsqu'il y a d'autres chiens dans la rue, vous recommanderiez peut-être de le récompenser lorsqu'il reste calme et de ne pas le récompenser lorsqu'il aboie.
- Si je suis confronté au chien en question dans un contexte où je dois lui offrir des soins vétérinaires ou des soins de base, je m'assurerais de prendre toutes les précautions nécessaires pour me protéger. Cela pourrait inclure l'utilisation de matériel de protection (comme des gants ou des lunettes de protection) ou la mise en place de barrières physiques (comme une cage ou une barrière) pour me protéger des morsures. Si je dois manipuler le chien, je m'assurerais de le faire de manière douce et progressive et je le féliciterais chaque fois qu'il se comporte bien. Si le chien montre toujours des signes d'agressivité malgré mes efforts pour le calmer, je pourrais consulter un vétérinaire pour évaluer s'il y a des problèmes de santé qui pourraient être à l'origine de son comportement agressif.
- S'il montre des signes d'agressivité envers les humains, vous recommanderiez de faire preuve de prudence et de ne pas approcher votre chien lorsqu'il est en état d'excitation. S'il montre des signes d'agressivité envers les autres chiens, Je vous recommanderais également de faire preuve de prudence et de ne pas le laisser seul avec d'autres chiens s'il a tendance à être agressif.
- Si le chien montre ses dents de manière agressive, j'essaierais de lui montrer que je suis le chef de meute en le dominant de manière calme et ferme. Cela pourrait inclure des techniques telles que le "abaissement de la tête" (consistant à incliner la tête vers le bas et à regarder le chien dans

les yeux) ou le "dominateur calme" (consistant à maintenir un contact visuel avec le chien et à lui montrer que vous êtes confiant et en contrôle). Ces techniques sont destinées à montrer au chien que vous êtes le chef de meute et à lui apprendre à vous respecter.

Voici quelques étapes que vous pouvez suivre face à son agressivité en plusieurs situations:

S'il est agressif parce qu'il a peur:

1. **Identifiez la source de sa peur:** Comprenez ce qui cause la peur de votre chien peut vous aider à mieux gérer la situation et à offrir un soutien adéquat.
2. **Désensibilisation et conditionnement :** Cette technique consiste à exposer votre chien à des stimuli effrayants de manière contrôlée et à le récompenser pour sa bonne conduite. Cela peut aider à réduire sa peur et à renforcer son comportement positif.
3. **Utilisez des récompenses :** Encouragez votre chien en le récompensant lorsqu'il réagit de manière calme et confiante à des situations stressantes. Cela peut l'aider à associer ces situations à quelque chose de positif.
4. **Créez un environnement sécurisant :** Assurez-vous qu'il a un endroit sécurisé et confortable où se retirer lorsqu'il se sent stressé ou effrayé.

S'il est agressif pour protéger son territoire ou sa famille:

1. **Identifiez les triggers :** Déterminez ce qui déclenche son agressivité. Est-ce lorsqu'il voit des étrangers, d'autres animaux ou lorsqu'il se sent menacé d'une certaine manière ? Connaître les déclencheurs vous aidera à mieux prévenir ou gérer l'agressivité de votre chien.
2. **Évitez les situations stressantes :** Si possible, évitez de mettre votre chien dans des situations qui le stressent ou qui peuvent déclencher son agressivité. Par exemple, S'il est agressif envers les autres animaux, évitez de le promener dans des endroits où il y a beaucoup d'autres animaux.
3. **Renforcez les comportements positifs :** Utilisez le renforcement positif pour l'encourager à adopter des comportements calmes et détendus lorsqu'il est confronté à des étrangers ou à d'autres animaux. Par exemple, donnez-lui une récompense lorsqu'il reste calme et assis lorsqu'un étranger s'approche de lui.
4. **Faites preuve de leadership ferme :** Faites en sorte qu'il vous respecte et vous obéisse. Soyez le leader de votre famille et montrez-lui que vous êtes en charge et que vous prenez soin de lui. Cela l'aidera à se sentir en sécurité et moins enclin à être agressif.
5. **Utilisez des commandes de contrôle :** Enseignez-lui des commandes de contrôle comme "assis" et "coucher", qu'il peut utiliser pour se calmer lorsqu'il est confronté à des situations stressantes. Utilisez ces commandes de manière régulière et récompensez-le lorsqu'il les exécute correctement.
6. **Entraînez votre chien :** Faites de l'exercice et entraînez-le régulièrement pour le maintenir en forme et calme. L'exercice physique peut aider à réduire son agressivité en évacuant son énergie et en le maintenant dans un état d'esprit positif.

S'il est agressif lorsqu'il joue:

- **Surveillez votre chien lorsqu'il joue** : Observez attentivement votre chien lorsqu'il joue pour repérer les signes de stress ou d'excitation. S'il montre des signes de stress ou d'agressivité, interrompez immédiatement le jeu et calmez-le avant de le laisser reprendre.
- **Enseignez-lui les comportements de jeu appropriés** : Utilisez le renforcement positif pour l'encourager à adopter des comportements de jeu appropriés, comme mordre doucement et lâcher sur commande.
- **Faites des pauses régulières** : Faites des pauses régulières pendant le jeu pour qu'il puisse se calmer et reprendre son souffle. Cela l'aidera à mieux gérer son excitation et à éviter de devenir agressif.
- **Utilisez des jouets de jeu appropriés** : Utilisez des jouets de jeu qui ne peuvent pas être endommagés ou brisés facilement et qui ne sont pas dangereux pour lui. Cela aidera à prévenir les blessures et à réduire l'agressivité lors du jeu.
- **Faites de l'exercice et entraînez votre chien régulièrement** : L'exercice physique peut aider à évacuer l'énergie de votre chien et à le maintenir dans un état d'esprit calme et détendu.

S'il est agressif sous influence de son instinct de chasse:

1. **Faites de l'exercice et entraînez votre chien régulièrement** : L'exercice physique peut aider à évacuer son énergie et à le maintenir dans un état d'esprit calme et détendu.
2. **Enseignez-lui les commandes de contrôle** : Utilisez le renforcement positif pour enseigner à votre chien des commandes de contrôle comme "assis" et "coucher" qu'il peut utiliser pour se calmer lorsqu'il est confronté à d'autres animaux.
3. **Faites preuve de leadership ferme** : Faites en sorte qu'il vous respecte et vous obéisse. Soyez le leader de votre famille et lui montrez que vous êtes en charge et que vous prenez soin de lui. Cela l'aidera à se sentir en sécurité et moins enclin à être agressif.
4. **Utilisez des jouets de distraction** : S'il est agressif lorsqu'il voit d'autres animaux, utilisez des jouets de distraction pour détourner son attention. Par exemple, donnez-lui un jouet à mâcher ou un os à ronger lorsqu'il est confronté à d'autres animaux pour l'aider à ignorer ces derniers.

S'il est agressif pour protéger son territoire ou sa famille.

Voici quelques étapes que vous pouvez suivre sans entraîneur professionnel pour l'aider à gérer sa frustration et à éviter l'agressivité :

1. **Identifiez les causes de sa frustration** : Observez votre chien lorsqu'il est frustré pour repérer les signes de stress ou d'agitation. Essayez de déterminer ce qui déclenche sa frustration et faites en sorte de l'éviter ou de la gérer de manière adéquate.
2. **Faites de l'exercice et entraînez votre chien régulièrement** : L'exercice physique peut aider à évacuer son énergie et à le maintenir dans un état d'esprit calme et détendu.
3. **Enseignez-lui les commandes de contrôle** : Utilisez le renforcement positif pour l'enseigner des commandes de contrôle comme "assis" et "coucher" qu'il peut utiliser pour se calmer lorsqu'il est frustré.

4. **Utilisez des jouets de distraction** : S'il est agressif lorsqu'il est frustré, utilisez des jouets de distraction pour détourner son attention. Par exemple, donnez-lui un jouet à mâcher ou un os à ronger pour l'aider à ignorer la source de sa frustration.

> **Demandez de l'aide à un professionnel :**
> Si vous avez du mal à gérer l'agressivité de votre chien en raison de la frustration, n'hésitez pas à demander de l'aide à un comportementaliste animalier ou à un entraîneur professionnel. Ils peuvent vous aider à comprendre les causes de sa frustration et à mettre en place des stratégies pour la gérer de manière adéquate. En travaillant avec un éducateur canin professionnel et en mettant en place des stratégies adaptées à votre chien et à votre situation, vous devriez être en mesure de mieux gérer l'agressivité de votre chien et de créer une relation positive et harmonieuse avec lui.

Activités et loisirs :

Les chiens sont des animaux très actifs et intelligents qui ont besoin de beaucoup d'exercice et de stimulation mentale pour rester heureux et en bonne santé. Voici quelques activités et loisirs que vous pouvez partager avec votre chien :

- **Faire la marche régulièrement.**

Les chiens ont besoin de beaucoup d'exercice et de dépense physique. Assurez-vous de marcher votre chien tous les jours pour lui permettre de se dépenser et de découvrir de nouveaux endroits. Vous pouvez également varier les parcours de promenade pour rendre les promenades plus intéressantes pour lui.

- **La marche :** la marche est une activité simple mais très bénéfique pour votre chien. En plus de lui offrir de l'exercice et de la dépense physique, la marche lui permet de découvrir de nouveaux endroits et de renforcer son lien avec vous.
- **Avantage :** La marche peut l'aider à rester en forme et à dépenser son énergie. Elle peut également renforcer votre lien avec lui et lui permettre de découvrir de nouveaux endroits.
- **Comment la pratiquer ?** Pour la marche, vous pouvez simplement prendre votre chien avec vous lorsque vous faites votre promenade quotidienne. Vous pouvez également varier les parcours de promenade pour rendre les promenades plus intéressantes pour lui.

- **Jouez avec lui.**

Les chiens aiment jouer et cela peut être un excellent moyen de renforcer votre lien avec votre chien. Vous pouvez jouer à des jeux de balle, de frisbee ou de rappel avec lui pour lui donner de l'exercice et de la stimulation mentale. Vous pouvez également l'offrir des jouets à mâcher et à gratter pour lui donner de quoi s'occuper lorsqu'il est seul à la maison.

- **La chasse au trésor :** la chasse au trésor est un jeu divertissant qui consiste à cacher des friandises ou des jouets pour qu'il les trouve. Cette activité peut être très divertissante pour votre chien et lui offrir de la stimulation mentale.
- **Avantage :** La chasse au trésor peut l'aider à développer sa capacité de raisonnement et à se divertir lorsqu'il est seul à la maison
- **Pour la pratique :** vous pouvez cacher des friandises ou des jouets dans votre maison ou votre jardin pour qu'il les trouve. Vous pouvez également acheter ou fabriquer des jouets à chasse au trésor pour lui.

- **Faites de l'entraînement de renforcement.** L'entraînement de renforcement est un excellent moyen de lui donner de la stimulation mentale et de renforcer votre lien avec lui. Vous pouvez utiliser des friandises pour renforcer ses comportements souhaités et lui apprendre de nouvelles astuces.

- **Faites du sport avec lui.** S'il aime l'exercice et que vous êtes sportif, vous pouvez essayer de faire du sport avec lui. Par exemple, vous pouvez courir ou faire du vélo avec lui ou même essayer des sports canins tels que l'agility ou l'obéissance.

Voici quelques activités et loisirs qui peuvent être adaptés à votre chien :
Ce sont des activités sportives amusante pour vous et votre chien, et qui peuvent vous aider à:

1. Renforcer votre lien avec votre animal de compagnie.
2. Améliorer la condition physique de votre chien,
3. Renforcer sa coordination et à améliorer sa capacité à suivre vos commandes.
4. Stimuler mentalement votre chien en lui offrant de nouvelles expériences et en lui donnant la chance de s'exprimer.

L'agility

L'agility est un sport de haute intensité qui consiste à faire courir votre chien à travers un parcours d'obstacles.

Voici un exemple détaillé d'étapes pour enseigner à votre chiot l'agility :

- Trouvez un club ou un entraîneur d'agility local qui pourra vous guider et vous donner des conseils sur la façon de débuter.
- Assurez-vous qu'il soit en bonne condition physique et qu'il ait reçu tous ses vaccins avant de commencer l'entraînement à l'agility. Cette activité peut être physique et exigeante, il est donc important qu'il soit en forme et en sécurité.
- Commencez par des exercices de base pour l'aider à développer ses compétences de mouvement et de coordination. Vous pouvez utiliser l'enjambement de barrières ou des tunnels, des barres à franchir et d'autres obstacles de petite taille pour l'aider à apprendre à naviguer dans un parcours.
- Encouragez votre chiot à suivre vos instructions et à se concentrer sur vous en utilisant des renforcements positifs, comme des friandises ou des louanges. Cela l'aidera à comprendre ce que vous attendez de lui et à rester concentré pendant les entraînements.
- Augmentez progressivement la difficulté des exercices et des parcours en ajoutant de nouveaux obstacles et en augmentant la vitesse de l'exercice. Cela aidera votre chiot à améliorer ses compétences et à rester motivé.
- Utilisez des techniques de renforcement positif pour encourager le comportement souhaité et pour corriger les erreurs de votre chiot de manière positive. Évitez de crier ou de punir votre chiot lorsqu'il fait des erreurs, car cela pourrait le décourager ou le stresser.
- Si vous rencontrez des difficultés ou si vous avez des questions sur la façon de travailler avec votre chiot en agility, n'hésitez pas à demander de l'aide à un entraîneur agréé ou à un

professionnel de l'éducation canine. Ils pourront vous fournir des conseils et des techniques spécifiques pour enseigner à votre chiot l'agility de manière efficace et amusante.

Il ne faut pas oublier que chaque chien est différent et que le rythme auquel il apprend dépend de ses propres capacités et de sa personnalité. Soyez patient et encouragez votre chien avec des récompenses et du renforcement positif pour l'aider à progresser dans son éducation avancée.

Treibball.

Le Treibball est un sport où vous envoyez votre chien pousser des balles de différentes tailles dans un but.

Pour pratiquer le Treibball, voici quelques étapes à suivre :
- Trouvez un club ou un entraîneur de treibball local qui pourra vous guider et vous donner des conseils sur la façon de débuter.
- Commencez par des exercices de base, comme pousser une balle avec le museau ou la patte.
- Augmentez progressivement la difficulté des exercices en ajoutant plus de balles ou en les disposant de différentes manières.
- Entraînez-vous régulièrement avec votre chien pour améliorer ses compétences et sa condition physique.

Cani-cross

Le cani-cross est un sport où vous courez avec votre chien en laisse attachée à votre ceinture.

Pour pratiquer le cani-cross, voici quelques étapes à suivre :
- Trouvez un club ou un entraîneur de cani-cross local qui pourra vous guider et vous donner des conseils sur la façon de débuter.
- Assurez-vous qu'il est en bonne condition physique avant de commencer à courir avec lui.
- Commencez par de courtes distances et augmentez progressivement la distance et la durée de vos séances de cani-cross.
- Portez une ceinture de cani-cross pour soutenir votre chien et éviter tout risque de blessure.
- Entraînez-vous régulièrement avec votre chien pour améliorer ses compétences et sa condition physique.

Rallye-obéissance

Le rallye-obéissance est un sport où vous et votre chien naviguez à travers un parcours d'obéissance en suivant des panneaux indiquant les commandes à exécuter.

Pour pratiquer le rallye-obéissance, voici quelques étapes à suivre :
- Trouvez un club ou un entraîneur de rallye-obéissance local qui pourra vous guider et vous donner des conseils sur la façon de débuter.

- Assurez-vous qu'il maîtrise les commandes de base de l'obéissance avant de passer au rallye-obéissance.
- Commencez par des parcours de niveau débutant et augmentez progressivement la difficulté des exercices en ajoutant des distractions et en travaillant à des distances plus longues.
- Entraînez-vous régulièrement avec votre chien pour améliorer ses compétences et renforcer l'obéissance.

Ring

Le ring est un sport de compétition où vous et votre chien exécutez une série de commandes et d'exercices d'obéissance devant un juge.

Pour pratiquer le ring, voici quelques étapes à suivre :

1. Trouvez un club ou un entraîneur de ring local qui pourra vous guider et vous donner des conseils sur la façon de débuter.
2. Assurez-vous qu'il maîtrise les commandes de base de l'obéissance avant de passer au ring.
3. Apprenez les règles du ring et les critères de notation du juge.
4. Entraînez-vous régulièrement avec votre chien pour améliorer ses compétences et renforcer l'obéissance.
5. Participez à des compétitions de ring locales pour acquérir de l'expérience et améliorer vos compétences.

Très important :

S'il refuse de faire de faire l'une des activités citées en haut, il est conseillé de ne pas le forcer ou de le mettre sous pression. Essayez de trouver des moyens de rendre l'entraînement amusant et encourageant pour votre chien en utilisant des récompenses et en faisant des pauses régulièrement pour qu'il puisse se reposer. S'il continue de refuser de faire cette activité, il se peut qu'il ne soit tout simplement pas intéressé par ce type d'activité et il est nécessaire de respecter ses besoins et de trouver d'autres moyens de passer du temps ensemble.

Apprendre des tours.

Les tours de chien sont un excellent moyen de garder votre chien mentalement et physiquement vif. Tous les propriétaires de chiens doivent s'assurer que leurs animaux de compagnie disposent d'un répertoire sain de tours qu'ils peuvent exécuter, non seulement pour se montrer, mais pour son bien-être.

Il est possible de lui apprendre des tours en utilisant des techniques de renforcement positif et en faisant preuve de patience et de persévérance. Voici quelques étapes à suivre pour lui apprendre des tours:

1. Choisissez un tour à enseigner à votre chien. Il faut choisir un tour qui lui convient en fonction de son âge, de sa taille et de ses aptitudes.
2. Commencez par décomposer le tour en étapes simples. Par exemple, si vous voulez lui enseigner à s'asseoir, commencez par le faire asseoir en le faisant lever la patte arrière.
3. Récompensez votre chien chaque fois qu'il réalise une étape du tour correctement. Utilisez des friandises ou des caresses pour le féliciter et le motiver à apprendre.
4. Répétez chaque étape du tour plusieurs fois jusqu'à ce qu'il la maîtrise.
5. Une fois qu'il a maîtrisé chaque étape du tour, commencez à les enchaîner pour réaliser le tour complet.
6. Continuez à récompenser votre chien chaque fois qu'il réalise le tour correctement, mais diminuez progressivement la fréquence des récompenses au fil du temps pour l'encourager à maintenir ses performances.

Que faire s'il refuse d'obéir ?

S'il refuse de faire le tour que vous lui demandé, il y a plusieurs choses que vous pouvez essayer :

1. **Assurez-vous qu'il comprend bien ce que vous attendez de lui.** Si vous avez du mal à lui faire comprendre ce que vous attendez de lui, il est possible qu'il se décourage rapidement.
2. **Vérifiez qu'il n'est pas stressé ou anxieux.** S'il est anxieux ou stressé, il peut être difficile pour lui de se concentrer sur l'exercice et de se détendre.
3. **Soyez patient et ne forcez pas votre chien à faire le tour si cela ne l'intéresse pas.** S'il n'aime pas les bisous, il est possible qu'il préfère d'autres activités de renforcement positif ou de stimulation mentale.
4. **Il faut garder les séances d'entraînement courtes et ludiques** pour maintenir l'intérêt de votre chien et l'encourager à apprendre. N'oubliez pas de faire preuve de patience et de persévérance, car l'apprentissage d'un tour peut prendre du temps et demander de la répétition.

Il est également important de se rappeler de ne jamais forcer votre chien à faire des bisous s'il ne veut pas le faire et de respecter ses limites. S'il n'aime pas les bisous, il est possible qu'il préfère d'autres activités de renforcement positif ou de stimulation mentale.

Apprendre à serrer la main.

Le "bonjour" est une commande simple mais utile que vous pouvez lui apprendre. Elle consiste à se mettre debout sur ses pattes arrière et à tendre la patte avant pour saluer. Voici comment vous pouvez lui apprendre à dire "bonjour" :

- Choisissez un endroit calme et sans distraction pour commencer à entraîner votre chien.
- Commencez par l'encourager à se mettre debout sur ses pattes arrière en lui mettant une friandise devant le nez et en lui demandant de "bonjour". Récompensez-le chaque fois qu'il se met debout sur ses pattes arrière.
- Lorsqu'il est à l'aise avec l'idée de se mettre debout sur ses pattes arrière, commencez à lui montrer comment tendre la patte avant en lui mettant une friandise sous la patte et en lui demandant de serrer la main en disant "bonjour".
- Récompensez-le chaque fois qu'il réalise un "bonjour" correct et répétez l'exercice plusieurs fois jusqu'à ce qu'il comprenne ce que vous attendez de lui.
- Une fois qu'il a compris la commande de "bonjour", vous pouvez commencer à lui demander de la réaliser sans friandise et à lui enseigner un mot de commande spécifique, comme "bonjour" ou "salut".

Apprendre à faire bisou.

Le "bisou" est un tour amusant et affectueux que vous pouvez apprendre à votre chien. Il consiste à toucher votre visage avec sa patte ou son museau sur commande. Voici comment vous pouvez lui apprendre à faire des bisous :

1. Choisissez un endroit calme et sans distraction pour commencer à entraîner votre chien.
2. Commencez par l'encourager à toucher votre visage avec sa patte en lui mettant une friandise près de votre visage et en lui demandant de "bisou". Récompensez-le chaque fois qu'il touche votre visage avec sa patte.
3. Lorsqu'il est à l'aise avec l'idée de toucher votre visage avec sa patte, commencez à lui montrer comment toucher votre visage avec son museau en lui mettant une friandise près de votre visage et en lui demandant de "bisou".
4. Récompensez-le chaque fois qu'il réalise un bisou correct et répétez l'exercice plusieurs fois jusqu'à ce qu'il comprenne ce que vous attendez de lui.
5. Une fois qu'il a compris la commande de bisou, vous pouvez commencer à lui demander de la réaliser sans friandise et à lui enseigner un mot de commande spécifique, comme "bisou" ou "donne un bisou".

Apprendre à chanter.

Il est possible d'apprendre à votre chien à aboyer sur commande, ce qui peut être amusant pour vous et lui. Cependant, il faut se rappeler que les chiens ne sont pas des êtres humains et qu'ils ne peuvent pas vraiment chanter comme nous le faisons. Voici comment vous pouvez lui apprendre à aboyer sur commande :

1. Choisissez une commande que vous allez utiliser chaque fois que vous voulez qu'il aboie, comme "parle" ou "aboie".
2. Encouragez votre chien à aboyer en faisant du bruit ou en agitant un jouet devant lui. Lorsqu'il aboie, récompensez-le et répétez cet exercice plusieurs fois jusqu'à ce qu'il comprenne ce que vous attendez de lui.
3. Lorsqu'il comprend comment aboyer sur commande, commencez à lui demander d'aboyer lorsqu'il est calme en lui donnant une récompense chaque fois qu'il aboie sur commande.
4. Répétez cet exercice plusieurs fois jusqu'à ce qu'il comprenne comment aboyer sur commande, même lorsqu'il est calme.

Apprendre à danser.

Il est possible d'apprendre à votre chien à effectuer certains mouvements sur commande, comme lever une patte ou tourner sur lui-même. Cela peut être amusant pour vous et lui, mais il ne faut pas oublier que les chiens ne sont pas des êtres humains et qu'ils ne peuvent pas vraiment danser comme nous le faisons. Voici comment vous pouvez lui apprendre à effectuer certains mouvements sur commande :

1. Choisissez un mouvement que vous voulez l'enseigner, comme lever une patte ou tourner sur lui-même, et choisissez une commande que vous allez utiliser chaque fois que vous voulez qu'il effectue ce mouvement.
2. Encouragez votre chien à effectuer le mouvement en lui mettant une récompense près de la patte que vous voulez qu'il lève ou en le faisant tourner sur lui-même en le tirant par le collier. Lorsqu'il effectue le mouvement, récompensez-le et répétez cet exercice plusieurs fois jusqu'à ce qu'il comprenne ce que vous attendez de lui.
3. Lorsqu'il comprend comment effectuer le mouvement sur commande, commencez à lui demander de le faire lorsqu'il est calme en lui donnant une récompense chaque fois qu'il le fait sur commande.
4. Répétez cet exercice plusieurs fois jusqu'à ce qu'il comprenne comment effectuer le mouvement sur commande, même lorsqu'il est calme.

Apprendre à sourire

Il est possible de faire en sorte qu'il ait l'air de sourire en lui apprenant à ouvrir la bouche sur commande. Voici comment vous pouvez faire :

1. Choisissez une commande que vous allez utiliser chaque fois que vous voulez qu'il ouvre la bouche, comme "montre les dents" ou "baisse la mâchoire".

2. Encouragez votre chien à ouvrir la bouche en lui mettant une récompense près de sa bouche ou en appuyant doucement sur sa mâchoire inférieure. Lorsqu'il ouvre la bouche, récompensez-le et répétez cet exercice plusieurs fois jusqu'à ce qu'il comprenne ce que vous attendez de lui.
3. Lorsqu'il comprend comment ouvrir la bouche sur commande, commencez à lui demander de le faire lorsqu'il est calme en lui donnant une récompense chaque fois qu'il ouvre la bouche sur commande.
4. Répétez cet exercice plusieurs fois jusqu'à ce qu'il comprenne comment ouvrir la bouche sur commande, même lorsqu'il est calme.

Apprendre à reculer.

Le "reculer" est une compétence utile que vous pouvez lui apprendre. Elle consiste à reculer sur commande. Voici comment vous pouvez faire :

- Choisissez un endroit calme et sans distraction pour commencer à entraîner votre chien.
- Commencez par l'encourager à reculer en le faisant marcher vers vous et en lui demandant de "reculer". Récompensez-le chaque fois qu'il recule d'un pas.
- Lorsqu'il est à l'aise avec l'idée de reculer, commencez à lui montrer comment reculer sur commande en lui mettant une friandise derrière lui et en lui demandant de "reculer".
- Récompensez votre chien chaque fois qu'il réalise un recul correct et répétez l'exercice plusieurs fois jusqu'à ce qu'il comprenne ce que vous attendez de lui.
- Une fois qu'il a compris la commande de reculer, vous pouvez commencer à lui demander de la réaliser sans friandise et à lui enseigner un mot de commande spécifique, comme "reculer" ou "recule".

Apprendre à rouler.

Le "rouler" est un tour amusant que vous pouvez apprendre à votre chien. Il consiste à rouler sur le dos sur commande. Voici comment vous pouvez lui apprendre à le faire:

- Choisissez un endroit calme et sans distraction pour commencer à entraîner votre chien.
- Commencez par l'encourager à rouler sur le dos en lui mettant une friandise sur le dos et en lui demandant de "rouler". Récompensez-le chaque fois qu'il roule sur le dos.
- Lorsqu'il est à l'aise avec l'idée de rouler sur le dos, commencez à lui montrer comment rouler sur le dos sur commande en lui mettant une friandise sur le dos et en lui demandant de "rouler".
- Récompensez votre chien chaque fois qu'il réalise un roulement correct et répétez l'exercice plusieurs fois jusqu'à ce qu'il comprenne ce que vous attendez de lui.
- Une fois qu'il a compris la commande de rouler, vous pouvez commencer à lui demander de la réaliser sans friandise et à lui enseigner un mot de commande spécifique, comme "rouler" ou "roule sur le dos".

Apprendre à nager.

Il est nécessaire savoir nager pour la sécurité de votre chien, surtout s'il vit près de l'eau ou si vous avez l'intention de l'emmener en voyage près de l'eau. Voici quelques étapes à suivre pour lui apprendre à nager :

- Choisissez un endroit sûr pour apprendre à nager à votre chien. Un lac ou une piscine peu profonde avec une bordure plate et peu de courant est idéal. Évitez les endroits où il y a beaucoup de trafic de bateaux ou de courants forts.
- Faites en sorte qu'il soit à l'aise dans l'eau. Commencez par lui donner des jouets et des friandises près de l'eau pour l'encourager à y aller. Laissez-le patauger dans l'eau et nager en le soutenant s'il a besoin d'aide.
- Apprenez à votre chien à nager en utilisant une bouée ou un gilet de sauvetage. S'il a du mal à rester à la surface de l'eau, une bouée ou un gilet de sauvetage peut l'aider à flotter et à se déplacer dans l'eau. Placez-le sur votre chien et encouragez-le à nager en le félicitant et en lui donnant des friandises.
- Enseignez-lui à nager sans assistance. Une fois qu'il a l'air à l'aise dans l'eau et qu'il nage en utilisant une bouée ou un gilet de sauvetage, retirez progressivement l'assistance et encouragez-le à nager tout seul. Récompensez-le chaque fois qu'il nage sans assistance.
- Enseignez-lui à remonter sur la rive. S'il se retrouve dans l'eau et ne peut pas regagner la rive, il est nécessaire qu'il sache comment remonter sur la rive ou sur un objet flottant. Enseignez-lui à s'agripper à un radeau ou à une bouée et à s'y hisser pour sortir de l'eau.

Il faut prendre votre temps et d'adapter l'apprentissage de la natation à votre chien. S'il a peur de l'eau ou s'il ne semble pas à l'aise, arrêtez l'entraînement et essayez de nouveau plus tard. Avec de la patience et de la diligence, il devrait être en mesure de nager en toute sécurité.

Que faire s'il refuse ?

Il est normal qu'il ait peur de l'eau ou qu'il refuse de nager, surtout s'il n'a jamais été exposé à l'eau auparavant. S'il refuse de nager, voici quelques étapes que vous pouvez suivre pour l'aider à surmonter cette peur :

1. Faites preuve de patience. N'essayez pas de forcer votre chien à nager s'il n'en a pas envie. Cela ne fera qu'accroître sa peur et il sera encore moins enclin à essayer de nouveau.
2. Donnez-lui le temps de s'habituer à l'eau. Laissez votre chien patauger et explorer l'eau à son rythme. Encouragez-le à y entrer en lui donnant des friandises et en le félicitant chaque fois qu'il y met les pattes.
3. Utilisez une bouée ou un gilet de sauvetage pour l'aider à flotter. S'il a du mal à rester à la surface de l'eau, une bouée ou un gilet de sauvetage peut l'aider à flotter et à se déplacer dans l'eau. Placez-le sur votre chien et encouragez-le à nager en le félicitant et en lui donnant des friandises.
4. Faites des pauses fréquentes. S'il semble stressé ou anxieux pendant l'entraînement, prenez une pause et laissez-le se détendre avant de continuer.

5. Il peut prendre du temps pour qu'il apprenne à nager, mais avec de la patience et de la diligence, il devrait être en mesure de surmonter sa peur de l'eau et de nager en toute sécurité.

Apprendre le toucher.

Le toucher est une compétence utile que vous pouvez lui apprendre. Elle consiste à toucher un objet ou une surface avec sa patte ou son museau sur commande. Voici comment vous pouvez lui apprendre à toucher :

1. Choisissez un endroit calme et sans distraction pour commencer à entraîner votre chien.
2. Commencez par l'encourager à toucher un objet avec sa patte en lui mettant une friandise devant l'objet et en lui demandant de "toucher". Récompensez-le chaque fois qu'il touche l'objet avec sa patte.
3. Lorsqu'il est à l'aise avec l'idée de toucher un objet avec sa patte, commencez à lui montrer comment toucher une surface avec son museau en lui mettant une friandise devant la surface et en lui demandant de "toucher".
4. Récompensez votre chien chaque fois qu'il réalise un toucher correct et répétez l'exercice plusieurs fois jusqu'à ce qu'il comprenne ce que vous attendez de lui.
5. Une fois qu'il a compris la commande de toucher, vous pouvez commencer à lui demander de la réaliser sans friandise et à lui enseigner un mot de commande spécifique, comme "toucher" ou "appuyer".

S'il refuse d'obéir ?

Voici quelques conseils pour continuer à travailler avec votre chien sur la commande de toucher :

1. Variez les surfaces et les objets que vous utilisez pour entraîner votre chien afin de maintenir son intérêt et de renforcer sa compréhension de la commande.
2. Utilisez des friandises de haute qualité et des jouets pour renforcer positivement votre chien chaque fois qu'il réalise un toucher correct.
3. Faites de courtes séances d'entraînement pour ne pas surmener votre chien et maintenir son niveau de motivation.
4. Soyez patient et encourageant avec lui, surtout s'il a du mal à apprendre la commande de toucher.
5. S'il a du mal à apprendre le toucher, vous pouvez essayer de lui montrer comment faire en le guidant avec votre main ou en utilisant un pointeur laser pour l'aider à comprendre ce que vous attendez de lui.

En résumé, le toucher est une compétence utile que vous pouvez lui apprendre à l'aide de friandises, de jouets et de renforcement positif.

Apprendre la révérence.

La révérence est un tour amusant et utile que vous pouvez lui apprendre. Elle consiste à faire une pause et à se coucher sur le dos en montrant le ventre. Voici comment vous pouvez lui apprendre à réaliser la révérence :

- Choisissez un endroit calme et sans distraction pour commencer à entraîner votre chien.
- Commencez par l'encourager à s'allonger sur le dos en le faisant rouler sur le dos avec une friandise ou en lui tapotant le ventre. Récompensez-le chaque fois qu'il s'allonge sur le dos.
- Lorsqu'il est à l'aise avec l'idée de s'allonger sur le dos, commencez à lui montrer comment lever les pattes avant en lui mettant une friandise sous le nez et en lui demandant de "révérence".
- Récompensez votre chien chaque fois qu'il réalise une révérence correcte et répétez l'exercice plusieurs fois jusqu'à ce qu'il comprenne ce que vous attendez de lui.
- Une fois qu'il a compris la commande de révérence, vous pouvez commencer à lui demander de réaliser la révérence sans friandise et à lui enseigner un mot de commande spécifique, comme "révérence" ou "faire le beau".
- Répétez l'exercice plusieurs fois jusqu'à ce qu'il comprenne parfaitement la commande de révérence et réalise la révérence sur demande.

Apprendre à faire le mort.

Il est possible d'lui apprendre à s'allonger sur le dos et à ne plus bouger lorsque vous lui donnez la commande "faire le mort". Cela peut être une compétence amusante pour votre chien et pour vous, mais elle peut également être utile dans certaines situations, comme lorsque vous devez couper ses ongles ou lui faire une injection. Voici comment vous pouvez lui apprendre ce tour :

1. Commencez par l'encourager à s'allonger sur le dos en lui mettant une récompense près de son dos et en lui disant "faire le mort".
2. Lorsqu'il s'allonge sur le dos, récompensez-le et répétez cet exercice plusieurs fois jusqu'à ce qu'il comprenne ce que vous attendez de lui.
3. Lorsqu'il comprend comment s'allonger sur le dos, commencez à lui demander de rester immobile lorsqu'il est dans cette position en lui donnant une récompense chaque fois qu'il reste immobile.
4. Répétez cet exercice plusieurs fois jusqu'à ce qu'il comprenne comment faire le mort sur commande.

Apprendre à faire la tête triste.

Il est possible d'lui apprendre à effectuer certains mouvements sur commande, comme lever une patte ou tourner sur lui-même. Cela peut être amusant pour vous et votre chien, mais il ne faut pas oublier que les chiens ne sont pas des êtres humains et qu'ils ne peuvent pas vraiment faire la tête triste comme nous le faisons. Toutefois, il est possible de faire en sorte qu'il ait l'air triste en lui apprenant à baisser la tête sur commande. Voici comment vous pouvez lui apprendre à baisser la tête sur commande :

1. Choisissez une commande que vous allez utiliser chaque fois que vous voulez qu'il baisse la tête, comme "triste" ou "baisse la tête".

2. Encouragez votre chien à baisser la tête en lui mettant une récompense près de ses pattes avant et en lui disant la commande choisie. Lorsqu'il baisse la tête, récompensez-le et répétez cet exercice plusieurs fois jusqu'à ce qu'il comprenne ce que vous attendez de lui.
3. Lorsqu'il comprend comment baisser la tête sur commande, commencez à lui demander de le faire lorsqu'il est calme en lui donnant une récompense chaque fois qu'il baisse la tête sur commande.
4. Répétez cet exercice plusieurs fois jusqu'à ce qu'il comprenne comment baisser la tête sur commande, même lorsqu'il est calme.

Il est important de rester patient et de ne pas forcer votre chien à baisser la tête s'il ne comprend pas immédiatement ce que vous attendez de lui.

Apprendre à jouer cache-cache.

Voici comment vous pouvez lui apprendre à jouer au jeu de cache-cache :

- Commencez par choisir un endroit sécuritaire et adapté pour jouer au jeu de cache-cache, comme votre maison ou votre jardin.
- Faites une démonstration de ce que vous attendez de lui. Cachez-vous derrière un objet ou dans une pièce et appelez votre chien pour qu'il vous trouve. Récompensez-le avec des friandises ou des câlins lorsqu'il vous trouve.
- Une fois qu'il a compris le concept du jeu, vous pouvez augmenter la difficulté en vous cachant dans des endroits plus difficiles à trouver.
- Encouragez votre chien à utiliser son flair pour trouver votre cachette en lui donnant des indices olfactifs, comme une friandise ou un jouet que vous avez manipulé avant de vous cacher.
- Récompensez votre chien chaque fois qu'il trouve votre cachette de manière rapide et efficace. Cela l'encouragera à répéter le comportement souhaité.

Il est important de rester patient et de ne pas vous cacher trop longtemps, surtout si c'est la première fois qu'il joue au jeu de cache-cache.

Apprendre à rapporter des objets.

Le rapporter est une compétence importante pour tous les chiens et peut être utile dans de nombreuses situations, comme lorsque vous jouez avec lui ou lorsque vous allez promener en laisse. Voici comment vous pouvez lui apprendre à rapporter :

- Choisissez un objet de rapporter adapté à votre chien, comme une balle ou un jouet en caoutchouc. Assurez-vous que l'objet est assez grand pour qu'il puisse le prendre facilement dans sa gueule et assez résistant pour qu'il ne le détériore pas rapidement.

- Commencez par jouer avec lui avec cet objet et encouragez-le à le prendre dans sa gueule. Lorsqu'il a l'objet dans la gueule, encouragez-le à venir vers vous en disant "rapporte" ou en tapotant sur votre jambe.
- Récompensez votre chien chaque fois qu'il rapporte l'objet en le félicitant et en lui donnant une friandise.
- Répétez cet exercice plusieurs fois jusqu'à ce qu'il comprenne ce que vous attendez de lui. Vous pouvez également augmenter la distance entre vous et votre chien pour rendre l'exercice plus difficile.
- Une fois qu'il a compris le concept du rapporter, vous pouvez commencer à lui apprendre à lâcher l'objet sur commande. Pour ce faire, tenez une friandise devant lui et attendez qu'il lâche l'objet de rapporter. Récompensez-le immédiatement lorsqu'il lâche l'objet et répétez l'exercice jusqu'à ce qu'il comprenne la commande.

Apprendre à éteindre la lumière.

L'apprentissage à votre chien à éteindre la lumière peut être un tour amusant et divertissant pour lui, mais il faut se rappeler que la sécurité de votre chien et de votre maison doit être votre première priorité. Voici comment vous pouvez lui apprendre à éteindre la lumière:

- Choisissez un endroit calme et sans distraction pour commencer à entraîner votre chien.
- Commencez par l'encourager à toucher l'interrupteur de la lumière avec sa patte en lui mettant une friandise près de l'interrupteur et en lui demandant de "éteindre". Récompensez-le chaque fois qu'il touche l'interrupteur avec sa patte.
- Lorsqu'il est à l'aise avec l'idée de toucher l'interrupteur, commencez à lui montrer comment éteindre la lumière en lui mettant une friandise près de l'interrupteur et en lui demandant de "éteindre".
- Récompensez votre chien chaque fois qu'il réalise cet ordre correctement et répétez l'exercice plusieurs fois jusqu'à ce qu'il comprenne ce que vous attendez de lui.
- Une fois qu'il a compris la commande d'éteindre la lumière, vous pouvez commencer à lui demander de la réaliser sans friandise et à lui enseigner un mot de commande spécifique, comme "éteindre" ou "éteins la lumière".

Conclusion :

Votre aventure avec Le Chihuahua est une épopée de lien et de compréhension, une histoire qui s'écrit chaque jour entre vous et votre fidèle compagnon. Ce livre complet sur l'éducation de Le Chihuahua vous a guidé à travers les moindres détails pour éduquer, dresser, communiquer avec votre chien et comprendre son langage unique. Au fil des pages, nous avons exploré l'origine fascinante de cette race exceptionnelle, les aspects physiques et comportementaux qui font de lui un compagnon hors pair, et les conseils pratiques pour accueillir votre chiot, pour prendre soin de sa santé à chaque étape de sa vie, et pour le rendre heureux à travers l'éducation et les activités.

Souvenez-vous toujours que votre Chihuahua est bien plus qu'un simple animal de compagnie, il est votre ami fidèle, votre partenaire, votre source de joie inestimable. En apprenant à décoder son langage, à répondre à ses besoins, et à vivre en harmonie, vous avez tissé un lien indéfectible. Maintenant, que ce livre devienne une ressource précieuse pour vous, une source de rappel et de conseils lorsque vous en avez besoin. Que chaque interaction avec votre Chihuahua soit une occasion de renforcer ce lien spécial entre vous, et de célébrer le merveilleux monde des chiens.
La route que vous avez parcourue pour comprendre et éduquer votre Chihuahua est pavée de patience, d'amour et de dévouement. Avec ces connaissances et cette compréhension, vous avez la clé pour offrir à votre chien une vie épanouissante et saine, et vous avez également la chance de vivre une aventure extraordinaire remplie de moments précieux.Puissiez-vous et votre Chihuahua continuer à écrire de belles pages ensemble, à explorer de nouvelles activités, à apprendre l'un de l'autre, et à construire un lien qui ne cessera de grandir. Votre Chihuahua est bien plus qu'un simple chien, il est un membre précieux de votre famille, et chaque moment passé ensemble est une aventure unique.

Que votre voyage avec votre Chihuahua soit parsemé de rires, de complicité, et de souvenirs inoubliables. Prenez soin de votre fidèle compagnon, appréciez chaque instant, et sachez que vous avez tout ce qu'il faut pour lui offrir une vie exceptionnelle. Profitez de cette relation extraordinaire avec votre Chihuahua, et que cette belle aventure continue à s'épanouir, jour après jour.

Printed in France by Amazon
Brétigny-sur-Orge, FR